Rosa Maria Cardoso
Dalla Costa

História social dos meios de comunicação

EDITORA intersaberes

O selo DIALÓGICA da Editora InterSaberes faz referência às publicações que privilegiam uma linguagem na qual o autor dialoga com o leitor por meio de recursos textuais e visuais, o que torna o conteúdo muito mais dinâmico. São livros que criam um ambiente de interação com o leitor – seu universo cultural, social e de elaboração de conhecimentos –, possibilitando um real processo de interlocução para que a comunicação se efetive.

SÉRIE EXCELÊNCIA EM JORNALISMO

DIALÓGICA

EDITORA intersaberes

Rua Clara Vendramin, 58 . Mossunguê
CEP 81200-170 . Curitiba . PR . Brasil
Fone: (41) 2106-4170
www.intersaberes.com
editora@editoraintersaberes.com.br

Conselho editorial
Dr. Ivo José Both (presidente)
Dr.ª Elena Godoy
Dr. Neri dos Santos
Dr. Ulf Gregor Baranow

Editora-chefe
Lindsay Azambuja

Gerente editorial
Ariadne Nunes Wenger

Preparação de originais
Bruno Gabriel

Edição de texto
Mycaelle Albuquerque
Arte e Texto Edição e Revisão de Textos
Monique Francis Fagundes Gonçalves

Capa e projeto gráfico
Charles L. da Silva

Diagramação
Débora Gipiela

Equipe de *design*
Débora Gipiela
Sílvio Gabriel Spannenberg

Iconografia
Sandra Lopis da Silveira
Regina Claudia Cruz Prestes

Dados Internacionais de Catalogação na Publicação (CIP)
(Câmara Brasileira do Livro, SP, Brasil)

Dalla Costa, Rosa Maria Cardoso
  História social dos meios de comunicação/Rosa Maria Cardoso Dalla Costa. Curitiba: InterSaberes, 2020. (Série Excelência em Jornalismo)

Bibliografia
ISBN 978-65-5517-596-7

  1. Comunicação – História 2. Jornalismo 3. Meios de comunicação 4. Meios de comunicação social I. Título II. Série.

20-35983   CDD-302.23

Índices para catálogo sistemático:
1. Meios de comunicação: Sociologia   302.23
Maria Alice Ferreira – Bibliotecária – CRB-8/7964

1ª edição, 2020.

Foi feito o depósito legal.

Informamos que é de inteira responsabilidade da autora a emissão de conceitos.

Nenhuma parte desta publicação poderá ser reproduzida por qualquer meio ou forma sem a prévia autorização da Editora InterSaberes.

A violação dos direitos autorais é crime estabelecido na Lei n. 9.610/1998 e punido pelo art. 184 do Código Penal.

Sumário

7	*Apresentação*
11	*Como aproveitar ao máximo este livro*
18	*Introdução*

Capítulo 01
20 Da fala à escrita: o começo de uma longa história
22	A fala
27	A escrita
37	A fala e a escrita no Brasil

Capítulo 02
46 A prensa de Gutenberg e a primeira revolução na história da comunicação
48	A Idade Média
52	A prensa de Gutenberg
55	O impacto da prensa móvel na sociedade medieval
59	Da prensa à imprensa: dois séculos a percorrer
64	A imprensa na história do Brasil

Capítulo 03
78 A imprensa e a era de ouro dos jornais
| 80 | A informação vira mercadoria na era dos grandes jornais |
| 92 | A imprensa no Brasil |

98	As novas invenções: telégrafo, telefone e fotografia
103	As revistas ilustradas

Capítulo 04
114 O rádio
116	A invenção do rádio
119	O rádio comercial
124	O rádio no Brasil
132	Cada um no seu quadrado: os meios encontram o seu público

Capítulo 05
142 A televisão
144	A "pré-história" da televisão
147	A televisão no mundo: uma invenção suspensa pela guerra
151	A televisão no Brasil

Capítulo 06
172 Os meios de comunicação na era digital
175	Breve história dos computadores e das redes
193	A internet no Brasil
196	O futuro dos meios

205	*Considerações finais*
210	*Referências*
215	*Bibliografia comentada*
220	*Respostas*
222	*Sobre a autora*

Ao amor da minha vida, sempre Armando!
À continuidade dele, Maria e André,
Eduardo Mazarotto e Débora Specht.

"O paradoxo da comunicação é o seguinte: se a história da comunicação é evidentemente longa, tão longa quanto a do homem, a das técnicas de comunicação é, ao contrário, extremamente recente. E mal os homens se habituam aos sistemas de comunicação que revolucionam sua maneira de viver e de trabalhar, eles devem se preparar para a etapa seguinte, que virá cada vez mais rapidamente".
Dominique Wolton (2004)

Apresentação

São várias as abordagens possíveis para estudarmos a história da comunicação do homem. Podemos estudá-la com base nas técnicas simplesmente ou focalizar seus protagonistas, inventores, desbravadores, ou, ainda, analisar os impactos dos produtos de cada período.

Neste livro, a história apresentada é a história "social da comunicação". Isso quer dizer que optamos por tratar das formas e técnicas de comunicação com base no contexto social em que ela foi inventada, nas demandas sociais que a motivaram e em seus principais impactos. Tudo isso em uma ordem cronológica que segue a história do próprio homem e seus marcos principais.

Alguns desses marcos, como a invenção da escrita, tornaram-se marcos na história mais ampla (a do homem) e na específica para este livro (a dos meios de comunicação). Tal ponto evidencia o quanto cada nova forma de expressão revoluciona a maneira como os homens vivem, produzem seu sustento e relacionam-se entre si e com o mundo.

A fala, a escrita, a imprensa, o audiovisual e a internet são resultantes da evolução da consciência humana e da sua capacidade e necessidade de criar e se desenvolver. Trata-se de expressões da dimensão antropológica da comunicação. Um dos resultados desse desenvolvimento humano manifesta-se no modo como o homem produz riquezas e, consequentemente, alcança progresso técnico e econômico.

Ao promover mudanças, o indivíduo vai transformando a sociedade, tornando-a mais complexa. É nesse ponto que a comunicação exerce sua função de organizar e dar sentido. Tanto isso é verdade que, em cada momento histórico, foram as articulações resultantes da intersecção de fatores que caracterizaram a história de cada um dos meios de comunicação.

Com base nesse raciocínio é que o presente livro foi organizado, visando situar você, leitor, para que compreenda não apenas a invenção em si, mas a necessidade social na qual ela foi gestada e as mudanças que provocou. Desse modo, vamos destacar igualmente a especificidade de cada novo meio de comunicação e as novas potencialidades que eles oferecem.

Nossos fios condutores serão a história da comunicação e o sentido que ela tem na história do homem e da sociedade. Entenderemos, assim, que a história social dos meios de comunicação tem uma abrangência geral, mas, em cada capítulo, também será possível fazer uma análise de como o Brasil vivenciou as invenções, considerando sua própria história e suas características peculiares.

Nossa abordagem será feita em seis capítulos que representam cada um dos marcos na história da comunicação. No primeiro capítulo, mostraremos a vida do homem antes da escrita, suas formas de comunicação e a importância do surgimento da fala. Em seguida, trataremos sobre a invenção da escrita – os recursos empregados para escrever e os primeiros usos atribuídos a ela –, que foi um marco na história da humanidade e da própria história em si. No segundo capítulo da obra, apresentaremos a invenção da prensa por Gutenberg, que iniciou uma verdadeira revolução dos meios.

Já no terceiro capítulo, abordaremos a criação da imprensa na qualidade de instituição e todo o impulso tecnológico decorrente da Revolução Industrial, da Revolução Francesa e do Iluminismo. Trataremos, ainda, da invenção do telégrafo e do telefone, assim como da era de ouro dos jornais impressos e da transformação da informação em mercadoria. No quarto capítulo, apresentaremos a invenção do rádio e seu impacto na sociedade e chegaremos, enfim, no quinto capítulo, à era do audiovisual, com a invenção do cinema e da televisão. Por fim, o último capítulo do livro dará enfoque às novas tecnologias, ou *tecnologias digitais*, posto que já não são mais tão novas assim. Sem esgotar o tema, ainda "em ebulição", pois "todo dia" uma nova tecnologia digital aparece, o texto trará alguns marcos das principais descobertas digitais e as discussões que seu impacto social já provoca na sociedade do século XXI.

Você irá perceber que desenvolveremos em todos os capítulos uma espécie de segunda parte, ou seja, um deslocamento do tópico em discussão, na qual procuraremos estabelecer um paralelo entre cada uma dessas invenções e a história da comunicação no Brasil, apontando suas especificidades.

Em cada capítulo, ofereceremos a você, leitor, indicações de leituras para aprofundar os temas tratados e de filmes com temáticas e perspectivas semelhantes e/ou complementares, bem como de questões para reflexão que procuram possibilitar uma análise da importância de cada um dos meios de comunicação na sociedade atual.

Como esta é uma obra didática, não temos a pretensão de esgotar qualquer um dos temas, mas de apresentá-los em sua abrangência, despertando em você, leitor, o interesse por eles. Esperamos que vá além e busque reescrever a história com suas referências e, sobretudo, com sua capacidade crítica sobre o que lê e o que vivencia no mundo em que está inserido.

Temos certeza de que conhecer a história da comunicação possibilitará uma viagem no tempo e, principalmente, uma imersão naquilo que o homem tem de mais característico: seus valores culturais, sociais e ideológicos, nos seus limites, em suas fraquezas, astúcia, engenhosidade, curiosidade e criatividade.

Como aproveitar ao máximo este livro

Empregamos nesta obra recursos que visam enriquecer seu aprendizado, facilitar a compreensão dos conteúdos e tornar a leitura mais dinâmica. Conheça a seguir cada uma dessas ferramentas e saiba como estão distribuídas no decorrer deste livro para bem aproveitá-las.

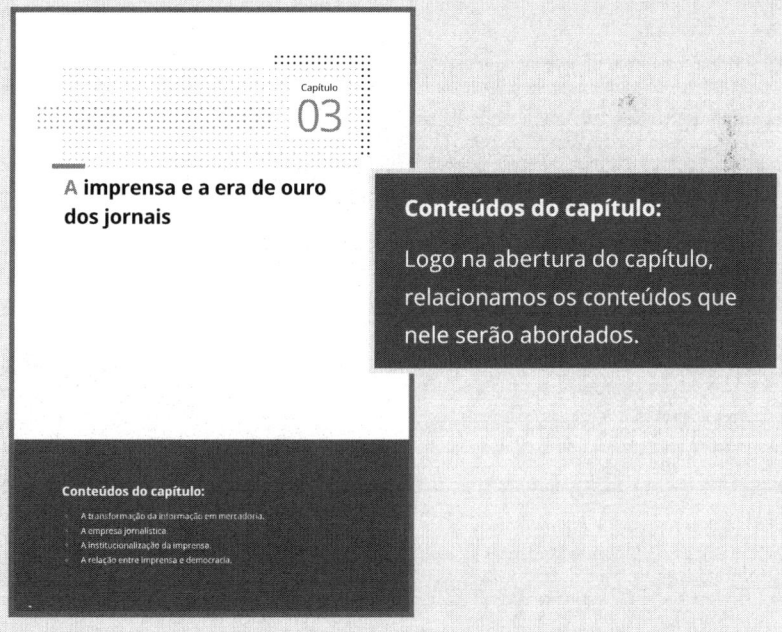

Conteúdos do capítulo: Logo na abertura do capítulo, relacionamos os conteúdos que nele serão abordados.

Após o estudo deste capítulo, você será capaz de:

1. diferenciar a reprodução mecânica de impressos da instituição imprensa;
2. caracterizar a empresa jornalística e sua relação com o modo capitalista de produção;
3. perceber e compreender o papel da comunicação na democracia moderna.

Ao seguirmos a evolução cronológica da história dos meios de comunicação social, criaremos um paralelo com a história geral e com suas fases mais significativas. Este terceiro capítulo tratará da profissionalização do jornal impresso e de sua articulação com as grandes mudanças sociais, políticas e econômicas resultantes da Revolução Industrial, do Iluminismo e da Revolução Francesa. Tratará, assim, da comunicação que pulsa como o "coração da modernidade", nos dizeres de Wolton (2004). É importante destacar que cada tecnologia criada e rapidamente apropriada pela indústria da comunicação está imbricada no conceito de sociedade gerado por esses movimentos.

Também trataremos aqui do surgimento da imprensa de massa, impulsionada pela invenção de tecnologias como o telégrafo, o telefone e a fotografia, que vêm atender às novas demandas do Estado moderno e sua necessidade inerente de transparência democrática, de livre fluxo de informações e de expressão de ideias e opiniões.

Após o estudo deste capítulo, você será capaz de:

Antes de iniciarmos nossa abordagem, listamos as habilidades trabalhadas no capítulo e os conhecimentos que você assimilará no decorrer do texto.

P1 A imprensa e a era de ouro dos jornais

da Idade Média, abandonou gradativamente o feudo, o que elevou o número de habitantes nas novas cidades. Nelas, cresceram grupos de pessoas que se tornaram cada vez mais independentes em relação ao poder dos reis e da Igreja e que enxergaram na conquista do poder político a alternativa para atender aos seus próprios interesses econômicos e socioculturais. O jornal impresso, então, começou a desempenhar função fundamental nesse processo, divulgando novas ideias e insuflando debates. Nesse contexto, surgiu o "espaço público" não como um lugar físico, mas como uma mentalidade coletiva, materializada nos escritos diários e distribuída a um número crescente de pessoas.

Balle (1994, p. 64) afirma que a imprensa extremamente diversificada e politizada, o surgimento de uma opinião pública e a constitucionalização do Estado foram as principais mudanças que caracterizaram as sociedades europeia e norte-americana no final do século XVII. Desse modo, a comunicação transmudou-se em um instrumento essencial de comunicação política.

Importante!

O chamado *Século das Luzes* alterou a atitude dos cidadãos diante da informação pública, assim como despertou o seu interesse pelas atividades políticas. Vemos surgir, assim, uma imprensa de massa, isto é, aquela destinada a um número indiscriminado de pessoas, no contexto da civilização técnica e da sociedade industrial. Sua expansão deu-se sobre a égide da livre empresa e da concorrência.

Importante!

Algumas das informações centrais para a compreensão da obra aparecem nesta seção. Aproveite para refletir sobre os conteúdos apresentados.

História social dos meios de comunicação

12.7 O rádio

Preste atenção!

À medida que os aparelhos receptores de rádio foram chegando às casas, novos hábitos individuais foram inseridos, sejam familiares, sejam coletivos. Um exemplo era o fato de se fazer silêncio em determinados horários para prestar atenção à programação radiofônica.

Gontijo (2004) explica que, depois da comemoração do Centenário da Independência, na qual o rádio foi apresentado à sociedade brasileira, sua introdução nos lares efetivou-se aos poucos. Segundo a autora, "anúncios publicados nos jornais da época mostram que, antes da instalação de uma rádio com programação regular, houve um período em que o comércio estimulava a compra de kits completos com manuais de instrução para a montagem de receptores de rádio pessoais" (Gontijo, 2004, p. 357).

Mas as dificuldades das emissoras, nesse primeiro momento, eram inúmeras, conforme aponta Calabre (citado por Barbosa, 20—, p. 229). Entre elas estavam "falta de recursos; escassez e precariedade dos aparelhos receptores; dificuldade de conseguir anunciantes; irregularidade dos horários de transmissão etc.".

A primeira emissora a ser inaugurada foi a Rádio Sociedade do Rio de Janeiro, pelos professores Roquete Pinto e Henrique Morize. Um ano depois, estreou a Rádio Club do Brasil, concedida pelo governo ao funcionário dos telégrafos Elba Dias. Até o final dos anos de 1920, 16 outras emissoras de rádio já estavam funcionando em todo o país.

Preste atenção!

Apresentamos informações complementares a respeito do assunto que está sendo tratado.

12.3 O rádio

O fato é que a sociedade do século XX aprendeu a conviver com a multiplicidade e a variedade de meios de comunicação. Mesmo que inibidos por duas grandes guerras mundiais, foram esses meios que provocaram as grandes mudanças sociais do século XX, introduzindo, como já explicamos outrora, uma nova relação das pessoas entre si e com o mundo.

Na primeira metade dos anos de 1900, a sociedade começou a conviver com a energia elétrica, o automóvel, o avião, o cinema, as revistas ilustradas, o rádio e a televisão, a qual se massificou após o fim da Segunda Guerra, mas já existia desde as primeiras décadas do século.

Para refletir

Edgar Morin (1997) afirma ser o século XX o século da cultura de massa. Não que ela seja nele criada, mas foi nele, sem dúvida alguma, que atingiu o seu apogeu. Nesse período, o tempo parecia passar cada vez mais rápido, e as distâncias, gradativamente mais curtas. Uma diversidade de costumes também se misturou, e estágios diferentes de desenvolvimento econômico e intelectual passaram a coexistir.

Desse modo, os meios de comunicação "se adequaram" a esse novo cenário. O jornal ainda reinava soberano, como principal veículo de comunicação – sobretudo para as classes mais elitizadas e alfabetizadas –, enquanto o rádio foi encontrando sua função de utilidade pública, de veículo instantâneo de comunicação, acessível

Para refletir

Aqui propomos reflexões dirigidas com base na leitura de excertos de obras dos principais autores comentados neste livro.

14 História social dos meios de comunicação

3.1 História social dos meios de comunicação

Esses últimos veículos, vistos na Figura 3.1, marcaram o iníc do que se chamou de *penny press*: os jornais diários começaram a ser vendidos por apenas um *cent*, ou um *penny*, a fim de conquistar o maior número possível de leitores. Assim, principiou a venda ma siva destes já no âmbito do que podemos chamar *grande impren*

∴ **A empresa jornalística**

A partir do surgimento da grande imprensa, rapidamente foi alcançado o estágio da produção industrial de jornais, que, por sua ve trouxe mudanças significativas para a produção e a circulação d informações. A informação passou a ser a principal mercadori desses veículos, que queriam atrair a todo custo o maior número possível de leitores, o que lhes dava maior credibilidade e os fazia vender mais exemplares, fechando assim o ciclo da linha capitalista de produção.

Fique atento!
Com a popularização dos preços dos exemplares, foi necessário criar uma nova fonte de rendimentos para esses jornais. Nasceu, assim, a **publicidade**: espaços pelos quais as empresas comerciais e industriais em franca expansão pagavam para divulgar seus produtos. Quanto maior a credibilidade do jornal, mais público o ace sava e mais caro ele poderia cobrar do anunciante em suas página Giovannini (1987, p. 167) aponta que "foi *Il Secolo Gazzetta di Milan* o primeiro jornal cotidiano que, em 1876, inseriu na sua quart página anúncios econômicos".

Fique atento!

Ao longo de nossa explanação, destacamos informações essenciais para a compreensão dos temas tratados nos capítulos.

3.1 A imprensa e a era de ouro dos jornais

convencionou-se cortar os últimos parágrafos que se seguissem à regra do *lead*, os quais conteriam as informações complementares e não as essenciais. O principal estaria, assim, garantido no começo do texto. A essa metodologia deu-se o nome de *pirâmide invertida*: 3 Q+COP (que, quem, quando + como, onde e por quê).

Curiosidade
Durante muitos anos na história do jornalismo, reconhecer o *lead* de uma notícia, ter sensibilidade e *feeling* para isso, era uma característica fundamental para o profissional da área. Observamos, com isso, que muito se avançou desde a época dos "caçadores de escândalos" nos castelos medievais, como narrado no capítulo anterior.

O fato é que, a partir do século XIX, a atividade jornalística passou a ser exercida nos moldes da indústria capitalista de produção: divisão e especialização do trabalho, produção em série, informação como mercadoria que tem um valor de mercado atrelado ao seu conteúdo e à credibilidade do veículo no qual circula. Utilizando esse modo de produção, foram fundados os grandes grupos mundiais de comunicação, que culminaram, no século XIX, no que se consagrou como o "período de ouro dos jornais impressos".

∴ **A era de ouro dos grandes jornais**

Balle (1994, p. 66) aponta que os anos de 1890 a 1920 representaram uma "era de ouro" para os grandes jornais. O hábito de consumir

Curiosidade

Nestes boxes, apresentamos informações complementares e interessantes relacionadas aos assuntos expostos no capítulo.

Síntese

Ao final de cada capítulo, relacionamos as principais informações nele abordadas a fim de que você avalie as conclusões a que chegou, confirmando-as ou redefinindo-as.

Para saber mais

Sugerimos a leitura de diferentes conteúdos digitais e impressos para que você aprofunde sua aprendizagem e siga buscando conhecimento.

História social dos meios de comunicação

Questões para revisão

1. Sobre o conteúdo apresentado neste capítulo, assinale a alternativa incorreta:
   a) Na Baixa Idade Média, a decadência das cidades, que foram progressivamente abandonadas, conduziu ao desaparecimento dos únicos centros de formação e à difusão da cultura do mundo antigo.
   b) A desagregação das administrações públicas e o desaparecimento de toda informação não foram suficientes para interferir na educação das pessoas que viviam nas cidades.
   c) O livro deixou de ser um instrumento de transmissão da cultura para se tornar um símbolo sagrado que o povo devia venerar, e não entender.
   d) A vida intelectual se restringiu aos mosteiros e, mesmo assim, eram poucos os monges que tinham privilégio do saber e poder ler e escrever.

2. Preencha com V (verdadeiro) ou F (falso) as seguintes afirmações:
   ( ) O humanismo e o renascimento foram movimentos significativos para a invenção da imprensa de Gutenberg e o início da comercialização dos livros.
   ( ) Lisboa, Veneza e Paris eram as principais cidades europeias no período denominado *Baixa Idade Média*.
   ( ) As praças e tabernas eram locais onde se realizavam as manifestações de cultura popular da Europa no século X

Questões para revisão

Ao realizar estas atividades, você poderá rever os principais conceitos analisados. Ao final do livro, disponibilizamos as respostas às questões para a verificação de sua aprendizagem.

Questões para reflexão

1. Duas questões são relevantes para refletir sobre o período da história dos meios de comunicação. A primeira delas diz respeito ao papel do livro impresso na sociedade; e a segunda, à necessidade de informação. Para aprofundá-las:
   a) Cite três razões pelas quais o livro impresso é um instrumento de democratização da informação na sociedade. Em seguida, responda: É possível afirmar que, no século XXI, diante das novas tecnologias da informação e da comunicação, sobretudo as digitais, o livro ainda tem essa importância social? Por quê?
   b) Os historiadores atribuem tanto a invenção da escrita como a da imprensa às necessidades econômicas do período do qual cada uma delas advém – contabilidade da produção (no caso da escrita) e ampliação das fronteiras dos negócios (no caso da imprensa mecânica). A quais outras necessidades sociais, além da econômica, a imprensa atende? E, atualmente, qual é a importância da informação na sociedade, ou seja, para que é utilizada?

2. Ao relatar o percurso dos primeiros jornais da história, percebemos uma das características do jornalismo impresso, que é a regularidade da sua produção. Além da periodicidade regular, quais são as outras características do texto jornalístico que o diferem dos demais textos impressos? Os produtos jornalísticos da era digital têm as mesmas características que os de textos de épocas anteriores? Exemplifique.

Questões para reflexão

Ao propor estas questões, pretendemos estimular sua reflexão crítica sobre temas que ampliam a discussão dos conteúdos tratados no capítulo, contemplando ideias e experiências que podem ser compartilhadas com seus pares.

Bibliografia comentada

A história da comunicação pode, como explicamos antes, ser estudada de diferentes formas, por meio de distintas metodologias. E cada uma dessas formas possui um conjunto de referências bibliográficas adequadas para oferecer ao pesquisador as informações necessárias. Podemos estudar essa história a começar por cada meio de comunicação, por seus inventores, pelas empresas de comunicação ou pelos seus principais produtos.

Para o presente livro, optamos por construir um panorama geral da história da comunicação, enfatizando, sobretudo, a maneira como a sociedade, em cada período, criou e se apropriou dos meios de comunicação e entendendo qual é o sentido social dessa apropriação.

Ao focalizarmos a evolução cronológica dos meios e sua relação com a sociedade, optamos por fazer um panorama mais amplo de cada invenção, destacando as dimensões antropológicas, econômicas e sociais da comunicação, bem como suas características em cada período/contexto.

Para acompanhar esse raciocínio e "viajar" na história da comunicação pelo caminho escolhido, sugerimos como principais referências as obras listadas a seguir, além de todas as outras indicadas no final de cada capítulo do presente livro.

Bibliografia comentada

Nesta seção, comentamos algumas obras de referência para o estudo dos temas examinados ao longo do livro.

Introdução

> "Salvar a comunicação é, antes de tudo, preservar sua dimensão humanista: o essencial da comunicação não está do lado das técnicas, dos usos ou dos mercados, mas do lado da capacidade de ligar ferramentas cada vez mais performáticas a valores democráticos".
> Dominique Wolton (2006, p. 10)

A história da comunicação é a história da própria humanidade: o homem se reconhece como tal a partir do momento em que se comunica com o outro, que cria símbolos que representam suas ideias e que os interpreta. O fato é que o homem se diferencia dos outros animais justamente por dar sentido à sua maneira de se expressar, por relacionar ideias e sistematizá-las.

No decorrer da história, o homem usou sua capacidade de se comunicar para desenvolver técnicas que aperfeiçoaram seu modo de vida, organizaram a sociedade, produziram novos conhecimentos e possibilitaram a geração de riquezas e de um mundo altamente complexo como o que vivemos atualmente. Por trás de cada novo invento, de cada nova técnica, sempre esteve presente o homem e sua capacidade criativa, empreendedora, socializadora, humana.

A comunicação possibilitou-lhe a tomada de consciência sobre si e sobre o mundo e, desde então, tornou-se impossível distinguirmos um do outro. A cada nova invenção tecnológica surgiram novas possibilidades de comunicação, que, por sua vez, aceleraram o progresso e o desenvolvimento econômico e social.

Podemos dizer que a comunicação se manifesta no decorrer da história em suas três dimensões fundamentais: a antropológica (que é inerente à condição humana), a técnica (que promove e é, ao mesmo tempo, resultado do progresso econômico) e a social (que organiza a vida em sociedade e ganha sentido nela).

Já no começo de todo esse processo, o homem percebeu a importância da comunicação como instrumento de poder e de controle social. Paradoxalmente – e aí está o encanto da comunicação –, cada nova tecnologia traz consigo uma possibilidade maior de emancipação do indivíduo e de novos acessos à conquista do conhecimento.

É por esse motivo que propomos aqui um estudo da história social dos meios de comunicação. Não falamos apenas da história de cada meio nem mesmo da história das habilitações ligadas à área da comunicação. O que buscamos aqui é evidenciar a importância da história da comunicação e o sentido que ela tem na história do homem e da sociedade. Neste nosso estudo, você entenderá que a comunicação aponta em seu percurso o sentido de cada sociedade a seu tempo e nas condições que lhe eram peculiares, mas, sobretudo, indica as perspectivas que lhe são inerentes. Existe a esperança de que, por meio da comunicação, ainda seja possível acreditar em um mundo melhor.

Capítulo

01

Da fala à escrita: o começo de uma longa história

Conteúdos do capítulo:

- Os primórdios da comunicação.
- A invenção da fala.
- As pinturas rupestres.
- A invenção da escrita.
- A importância da invenção do alfabeto para o desenvolvimento intelectual do homem.

Após o estudo deste capítulo, você será capaz de:

1. identificar a importância da comunicação desde os primórdios da humanidade;
2. perceber a capacidade humana de criar e interpretar símbolos;
3. refletir sobre a capacidade humana de utilizar os recursos de que dispõe na sua época histórica para comunicar suas ideias;
4. compreender a evolução intelectual do homem expressa pelo uso de signos linguísticos de sentido arbitrário/convencionado.

> "O conceito de mundo existe desde o momento em que alguém começou a contar o que via ao seu redor para alguém que entendia o que lhe era contado".
>
> Gontijo (2004, p. 14)

A história da comunicação, como a história do próprio homem, não tem um início preciso. São registros arqueológicos – figuras e desenhos feitos nas pedras e também objetos encontrados – que apontam para a existência dos primeiros sinais de interação dos indivíduos com seus pares e o meio ambiente. Estão em Lascaux, na França, os registros dos primeiros desenhos produzidos pelo ser humano há cerca de 20 mil anos antes da nossa era.

As teorias que tentam explicar a origem da comunicação humana são controversas. Alguns autores acreditam que a linguagem oral é uma evolução da linguagem onomatopeica – a que imita sons dos animais e da natureza. Outros acreditam que a fala é uma evolução da linguagem gestual. O fato é que não se pode determinar ao certo o princípio da comunicação humana.

Neste primeiro capítulo, discorreremos sobre os primórdios da comunicação. Iniciaremos pela fala, a primeira maneira de expressão organizada visando intencionalmente à comunicação. Em seguida, trataremos sobre a escrita, a grande invenção humana que iniciou o registro da história, e o alfabeto, indispensável para o aprendizado da escrita e sua difusão para todos os povos. Embora datas e locais não possam ser devidamente precisados, esse é o mais longo período a ser estudado neste livro. Também analisaremos aqui a ideia de que a comunicação é, sobretudo, essencialmente humana.

1.1
A fala

A linguagem oral representa uma evolução na capacidade do ser humano de se comunicar. Por isso, é possível dizer que ela é um dos primeiros marcos no desenvolvimento da humanidade. Por meio da fala, o homem começou a dar sentido aos sons que emite, caracterizando o que bem mais tarde se passou a chamar *processo de comunicação*, formado por um emissor, uma mensagem e um receptor[1]. Provavelmente, durante muito tempo a comunicação humana ocorreu de forma direta, em pequenos grupos e mediante a emissão de sons, que passaram a ser controlados, padronizados, e a ter

---

1   Esse modelo linear foi rejeitado por estudos recentes, porém, o mantivemos aqui por constituir o princípio dos estudos de comunicação e porque ainda se considera que os referidos elementos – emissor, mensagem e receptor – seguem partícipes da interação.

um significado. A fala foi, assim, transformada em um sistema de signos, um conjunto de códigos possível de ser transmitido de geração em geração, das mais diferentes maneiras, permanecendo em muitos grupos como a única forma de comunicação.

Curiosidade

Até hoje muitas comunidades e grupos humanos permanecem ágrafos, ou seja, não conhecem ou não utilizam, por razões diversas, a escrita para se comunicar.

Assim, desde sua origem, é importante ressaltar as dimensões da comunicação, que estarão presentes em todo o desenvolvimento da história desta. A primeira delas é a dimensão **antropológica**, que está ligada ao fato de que é preciso identificar o homem em cada fase da história, o que ele pensa e qual o seu nível de desenvolvimento intelectual e tecnológico. Pensemos na Pré-História e em um homem que vivia em pequenos grupos, era nômade, alimentava-se de frutos e da caça e ainda estava começando a progredir em suas capacidades intelectuais. Ele controlava os sons que emitia e dava a eles um sentido capaz de ser compreendido pelos outros.

Do ponto de vista **tecnológico**, outra dimensão da comunicação, não havia ainda, nessa conjuntura, a produção e a acumulação de riquezas. O homem lutava pela sua sobrevivência, aproveitando todos os recursos que a natureza lhe oferecia: os frutos e os animais que conseguia dominar e matar para comer.

Socialmente, ele vivia em pequenos grupos e, mesmo que não tivesse muita noção disso, ou de como fazê-lo da melhor maneira, defendia-se de grupos inimigos e de animais. Para a preservação de sua vida e a de quem estava mais próximo, precisava se comunicar: para compartilhar e combinar estratégias, emitir alertas de perigo etc.

A partir daí, em cada momento da história da humanidade e da comunicação, uma nova invenção tecnológica vai determinar e ser determinada pelas alterações em cada uma dessas dimensões. À medida que o homem evolui como ser humano, desenvolve novas maneiras de produzir riquezas e de se organizar socialmente, mudando, por consequência, também suas formas de comunicação.

Importante!

Cada vez que o homem inventa uma nova tecnologia para interagir com seus pares, muda sua forma de pensar, evolui intelectualmente, incrementa sua maneira de produzir riqueza e altera suas relações sociais.

Para exemplificar o que vimos até aqui, basta fazermos um pequeno recorte de todas as mudanças provocadas pelos meios digitais de comunicação a partir do século XXI, que agilizaram a forma de pensar do ser humano, revolucionaram os diversos setores da economia mundial e transformaram as relações interpessoais e sociais.

Na Pré-História, período de invenção da fala, as mudanças foram mais lentas, embora fundamentais para as transformações que se seguiram. Talvez a principal expressão desse período seja o que alguns autores chamam de *pinturas rupestres*. Giovannini (1987, p. 25[2]), por exemplo, afirma que as representações pictóricas do Paleolítico são os registros que marcam o princípio da história dos meios de comunicação do homem. Segundo ele, "esses testemunhos esclarecem-nos a respeito das habilidades do homem pré-histórico e constituem a base documentada sobre a qual se constrói a história, ainda que hipotética, do meio de comunicação primário: a linguagem" (Giovannini, 1987, p. 25).

Se tais desenhos podem ou não ser considerados arte, é uma outra discussão. O importante é que representam os primeiros registros da maneira pela qual os homens se expressavam. Para Gontijo (2004, p. 15), "os registros dessas experiências nas pinturas rupestres e encontrados nas escavações transmitem conhecimentos e mensagens que demonstram que a mente humana é mais poderosa do que sua força física".

Nas figuras encontradas nas pedras, o homem que vivia da colheita e da caça para sobreviver representava os animais que combatia utilizando os materiais que encontrava na natureza: pincéis rudimentares fabricados com fibras vegetais, pedras porosas como o carvão de lenha, musgo ou mesmo pele de animais. Tais registros datam de entre 30.000 e 10.000 anos atrás, momento em que apareceu o *homo sapiens* (Giovannini, 1987, p. 25).

---

2   O livro *Evolução na comunicação, do sílex ao silício*, é coordenado por Giovanni Giovannini e tem ensaios de Barbara Giovannini, Nicoletta Castagni, Carlo Lombardi, Carlo Sartori e Enrico Caritá, com tradução para a língua portuguesa de Wilma Freitas Ronald de Carvalho. As referências a esse livro serão feitas aqui sempre indicando o nome do coordenador da obra (Giovannini) e a referida página.

Aos poucos, o homem foi ampliando os limites do seu corpo e começou a desenvolver ferramentas e utensílios que lhe permitiam movimentos mais certeiros e facilitavam sua vida na caça e no preparo dos seus alimentos.

Nesse processo, a linguagem, ainda que não articulada, já representava a capacidade humana de traduzir em conceitos ou signos os elementos da sua realidade, que é a principal função do ato de comunicar.

Mas a história da linguagem ainda está recheada de pressupostos e poucas certezas. A hipótese mais debatida é a de que a linguagem de gestos precedeu a de palavras, embora a passagem do gesto à palavra não seja automática, pois o gesto representa uma situação global, enquanto a palavra refere-se a um simples elemento ou ação (Giovannini, 1987, p. 27).

Igualmente, não é possível precisar como e quando se deu a transição da linguagem oral para a escrita. Contudo, os estudos apontam que, da época do *homo sapiens* ao início dos primeiros escritos, houve uma evolução da comunicação oral maior do que a verificada nos 80.000 anos antes, período do homem Neandertal. A partir daí, podemos notar que o tempo entre um marco e outro na história da comunicação tornou-se cada vez menor.

Preste atenção!

O homem passou a escrever há apenas 6 mil anos, a imprimir seus escritos há cerca de 600 anos, a gravar em áudio seus textos há cerca de 100 anos, a transmiti-los em imagens há 80 anos, a digitalizá-los há menos de 50 anos e a conectá-los em rede há menos de 30 anos.

Isso significa que, na maior parte da história da humanidade, a comunicação foi efetivada por meio da linguagem oral, até a grande revolução que marcou o princípio da invenção da escrita.

1.2
A escrita

> *"Embora os homens nasçam e morram há um milhão de anos, só passaram a escrever há seis mil anos".*
>
> Etiemble (citado por Jean, 2002, p. 11)

Da vida nômade e incerta narrada anteriormente, que corresponde a mais ou menos 20 mil anos a.C., ao período da invenção da escrita, cerca de 6 mil anos a.C., várias mudanças ocorreram no modo de vida do homem. A primeira delas foi sua fixação à terra, juntamente com o início do cultivo de alimentos e da domesticação e criação de animais.

Preste atenção!

A história da escrita é longa e complexa, e seu cenário está situado entre os rios Tigre e Eufrates, na Mesopotâmia, região do Oriente Médio que se estende do Golfo Pérsico até Bagdá (atual capital do Iraque). Tal região era, antes, dividida entre a região da Suméria, ao sul, e a região da Acádia, ao norte.

Os povos sumerianos e acadianos foram os protagonistas da invenção da escrita. Viviam em pequenas comunidades em torno de cidades como a Babilônia, sob a autoridade de um soberano e a proteção de inúmeros deuses, além de falarem línguas diferentes.

Giovannini (1987, p. 27) relata que a inovação da atividade agrícola provocou duas grandes consequências na história do homem: a primeira foi a necessidade de um trabalho coletivo e organizado; e a segunda, a permanência prolongada em um mesmo lugar, pois, após o plantio, era necessário esperar a produção para a colheita. Para a escrita, a agricultura trouxe uma necessidade primordial: a de contabilizar a produção, a qual, por sua vez, deixou de ser só de subsistência e passou a ter excedente. Essa é uma das razões pela qual podemos afirmar que o homem inventou a escrita: por necessidade essencialmente econômica.

Mas essa não foi uma invenção fácil, e um longo caminho foi percorrido até se chegar à escrita tal qual a conhecemos hoje. Primeiramente, precisamos ter claro que, para fazer seus primeiros registros, os indivíduos daquela região utilizaram os materiais que a natureza ao seu redor lhes oferecia, o que não era muito. A Mesopotâmia era escassa de matérias-primas, como madeira e pedra, primeiros materiais utilizados para a escrita. A solução encontrada foi usar a argila, que não apenas era a base da riqueza agrícola, juntamente com a água dos rios, mas também material fundamental na vida cotidiana, passando, assim, a ser utilizada também na escrita.

As primeiras inscrições gravadas foram descobertas na região da Suméria, no sítio do grande templo da cidade de Uruk, recebendo a denominação *placas de Uruk*[3]. Nelas estão registradas listas, relações de sacos de grãos, de cabeças de gado, em uma espécie de contabilidade do templo. Além das contas agrícolas, algumas plaquetas informam sobre a vida cotidiana dos sumerianos, sua organização social e sua religiosidade.

Os símbolos gravados nessas placas de Uruk são denominados *pictogramas* e correspondem a desenhos simplificados que tentavam representar os animais ou guardar alguma relação com os objetos ilustrados. Só era possível serem compreendidos e interpretados por pequenos grupos de pessoas que viviam próximas. Tratava-se, portanto, de uma linguagem limitada, difícil de ser ensinada e transmitida a outros povos e outras gerações.

∴ O alfabeto

O passo seguinte na história da escrita foi a invenção de sinais fonéticos, ou seja, do signo. O sinal desenhado não representava mais um objeto ou um animal, mas sim um som, o que tornava possível exprimir a linguagem oral e a relação das palavras entre si. Essa técnica continuou evoluindo e chegou-se à escrita *cuneiforme*, de traços mais finos e cunhados na argila fresca, fato que deu origem ao seu nome.

---

3   Também chamadas *tábulas* ou *plaquetas de Uruk*, vilarejo da Mesopotâmia, situado às margens do rio Eufrates, onde hoje fica o Iraque. Foram descobertas em 1929 pelo arqueólogo alemão Julius Jordan e são consideradas mais antigas do que as escritas descobertas na China, no Egito e na Mesopotâmia, até então. Continham gravações em uma escrita abstrata, que recebeu o nome de *cuneiforme*. São também considerados os primeiros registros de contabilidade.

Nesse período da escrita cuneiforme, a sociedade já era mais complexa e se dividia entre os que sabiam e os que não sabiam ler. O uso dos meios de comunicação já era reconhecido como sinônimo de poder e a tarefa de redigir e ler os textos era reservada a um grupo restrito de peritos. Inclusive, por esse motivo, eles desfrutavam de alguns privilégios perante os outros.

A escrita cuneiforme perdurou até o primeiro milênio e atingiu sua forma clássica no segundo milênio a.C., como está comprovado no famoso Código de Hamurabi[4]. Os babilônios tinham uma grande preocupação com a linguagem escrita – criaram gramáticas e dicionários e ensinavam línguas estrangeiras –, mas não foram os únicos a desenvolvê-la.

No Egito, por exemplo, chegou-se à escrita de outra maneira e com outros materiais – um exemplo é o papiro, produzido por meio de uma planta abundante na beira do Rio Nilo. A escrita desenvolvida pelos egípcios tinha um viés ideológico muito forte – para registrar os feitos do rei, poder máximo da monarquia ali instalada – e, ao mesmo tempo, uma função mágica e religiosa no processo de mumificação ali executado.

Os egípcios escreviam utilizando *hieróglifos,* que significa "escrita dos deuses". Esses são compostos por desenhos mais estilizados que se assemelham a cabeças humanas, pássaros, animais diversos, plantas e flores. Essa linguagem egípcia não sofreu modificações até

---

4   "O **Código de Hamurabi** é um conjunto de leis criadas na Mesopotâmia, por volta do século XVIII a.C., pelo rei **Hamurabi** da primeira dinastia babilônica. O **código** é baseado na Lei de Talião, 'olho por olho, dente por dente'", e conta com 281 leis "talhadas numa rocha de diorito de cor escura" (Ramos, 2019, grifo nosso).

aproximadamente 390 anos d.C., apenas aumentou o número de símbolos, passando de 700 a 5 mil, aproximadamente, no momento da ocupação romana.

Segundo Jean (2002, p. 27),

> a originalidade e a complexidade dessa escrita se atêm ao fato de ser ela constituída por três espécies de símbolos: os pictogramas, os desenhos estilizados, representando coisas e seres, com combinações de símbolos para exprimir ideias; os fonogramas, os mesmos desenhos ou outros, mas que representam sons [...]; e, por fim, os determinativos, símbolos que permitiam saber a que categoria de coisas e de seres pertenciam.

A escrita egípcia possibilitou aos egípcios perpetuar sua história, marcando o início da história tal qual a conhecemos e a estudamos atualmente, com a narração dos fatos em ordem cronológica.

Além dos mesopotâmicos e dos egípcios, outros povos desenvolveram a escrita, empregando os materiais de que dispunham na natureza ao seu entorno e dando a essa escrita o sentido que os caracterizava, como os chineses, os indianos e os gregos. Foi no Mediterrâneo, no entanto, que a evolução da escrita atingiu o seu ápice com a criação de um sistema alfabético, o qual propiciou o que se denomina *democratização do saber.*

Novamente foram as razões econômicas que impulsionaram a criação do alfabeto fenício. Giovannini (1987, p. 41) descreve que a escrita se desenvolveu na Fenícia, atual Líbano, no final do século XII a.C.

> Tratava-se de um sistema de 22 sinais (que só indicavam as consoantes, enquanto as vogais foram anexadas pelos gregos), definido linear, em oposição ao cuneiforme, pelo modo como são traçadas as letras: com linhas, retas ou curvas, desenhadas com uma pena ou um pincel encharcado de tinta sobre superfícies relativamente planas. (Giovannini, 1987, p. 41)

Os fenícios tinham naquele momento histórico as condições adequadas e favoráveis à criação do alfabeto: um comércio amplamente desenvolvido e uma classe média economicamente autônoma que podia fazer uso da escrita. Desenvolveram, então, um conjunto limitado de sinais de tipo monumental, mais adequados a serem traçados com tinta. Com base nele, tornou-se mais fácil ensinar a escrever de uma forma simples e conceitual. Bastava aprender o alfabeto, conjunto de vinte ou trinta sinais, e o indivíduo conseguiria criar um número infinito de palavras e fazer uso particular da escrita.

O detalhe é que agora a relação entre o significante criado – conjunto de letras/fonemas que formam uma palavra – e o seu significado era arbitrária, convencional e diferente de uma língua para outra. Nesse sistema, o signo, formado por significante e significado, não tem necessariamente conexão com o objeto representado, exigindo uma capacidade intelectual maior de quem o interpreta. É uma capacidade decorrente da evolução do homem na qualidade de ser pensante.

O signo passou, então, a representar algo que pode não estar ali diante do usuário da língua, ou seja, ele é a representação de uma realidade convencionada pelo grupo social. Por isso, para os usuários da língua portuguesa, por exemplo, a representação do local onde a pessoa vive com sua família é feita por meio do signo *casa*, enquanto para os falantes da língua francesa, a mesma representação é feita pelo signo *maison*, e para os falantes da língua inglesa, pelo signo *house*.

Essa escrita que começou a ser utilizada pela humanidade e marcou o início da história sinaliza a evolução do homem como ser pensante (dimensão antropológica), capaz de associar um signo a uma ideia, e também possibilitou seu progresso econômico. Já existia uma forma estabelecida de produzir riquezas e comercializá-la, ela precisava apenas ser regulamentada. Junto com a evolução social, a sociedade sentiu a necessidade de criar e sistematizar regras de convivência e de vida em comum.

Importante!

Como a escrita pode também ser ensinada, consolida-se a ideia de que tal sistema é democrático. Com isso, todo indivíduo poderia aprendê-la e fazer uso dela, diferentemente dos hieróglifos e pictogramas, que dificilmente poderiam ser aprendidos devido à variedade imensa de desenhos e suas representações particularizadas.

A escrita pode ser considerada um "meio de comunicação" que torna possível a tentativa de representação objetiva da realidade e, consequentemente, possibilita o seu estudo, isto é, inicia a atividade de investigação científica. Mas retornaremos a esse ponto mais adiante. Por ora, vamos conhecer um pouco mais o uso que cada povo da Antiguidade fez da escrita.

∴ O uso que os povos antigos faziam da escrita

Mais importante do que estudar cada marco da história da comunicação propriamente dito é compreender que sentido cada novo meio teve para a sociedade ou para os diferentes povos no decorrer do tempo. A escrita, por exemplo, foi inventada, desenvolvida e empregada de diferentes formas pelos povos da Antiguidade. Em todos eles, essa "ferramenta" foi, como vimos antes, usada por meio dos recursos naturais disponíveis, atendendo às necessidades econômicas e cumprindo uma função social determinada de acordo com os costumes e valores de cada grupo.

Na Mesopotâmia, como já vimos, os sumérios e os acádios utilizaram a argila – que era também o pilar da economia agrícola – como base para as famosas tábulas de Uruk, nas quais registravam, por meio de pictogramas, a contabilidade de sua produção. A tentativa de sistematizar e fixar uma linguagem foi dificultada pelas próprias características da escrita que haviam criado, a cuneiforme, difícil de ser reproduzida e interpretada. Por isso mesmo, a tarefa de ler e redigir textos era restrita a um pequeno grupo de pessoas, que, por terem tal habilidade, recebiam em troca alguns privilégios.

Já no Egito, dominado por uma monarquia mais organizada, a escrita era usada para exaltar/reiterar os feitos do rei e, sobretudo, para endossar as ideias religiosas vigentes. Os hieróglifos decoravam a parte interna e externa dos sarcófagos, onde eram depositados os corpos humanos que passavam por um complicado processo de mumificação. A esses textos escritos eram atribuídas funções mágicas e, por isso mesmo, eles eram essenciais ao rito fúnebre vigente. Ao mesmo tempo, para o uso diário, desenvolveu-se uma escrita cursiva mais rápida, cujos registros – em sua maior parte – se perderam ao longo da história (Giovannini, 1987, p. 39).

A escrita foi utilizada por todas as civilizações urbanas do mundo antigo, e não apenas nas da Europa. Na Índia, por exemplo, documentos escritos encontrados em escavações mais recentes, indicam a existência de uma escrita de tipo pictográfico. Contudo, segundo Giovannini (1987, p. 39), ela é "muito estilizada, diversa de qualquer outra do mundo antigo".

Na China, utilizava-se pincel e tinta sobre materiais macios, como os tecidos de seda, e outros materiais, como o osso, a tartaruga e o bronze. Jean (2002, p. 45) afirma que "a escrita chinesa é um caso único: nascida por volta do segundo milênio a.C., codificada lá por 1500 antes da nossa era e constituída por um sistema coerente entre 200 a.C. e 200 d.C., é perceptivelmente a mesma que os chineses leem e escrevem hoje".

Na Grécia, o alfabeto fenício foi adotado aproximadamente nos anos 775 a.C., ano em que foram realizados os primeiros jogos olímpicos de que temos notícia. Por ser um dos principais berços da civilização ocidental, vários estudos tentam explicar a origem e os primeiros usos da escrita na Grécia. Tais estudos apontam que os gregos sempre se preocuparam com a ampla difusão das bases elementares da instrução por intermédio de escolas e de leis que obrigavam as famílias a educarem a juventude. Para Giovannini

(1987, p. 50), a difusão da escrita e a da leitura na Grécia, assim como a rápida expansão da literatura, provocaram uma série de consequências sociais, como a limitação do crescimento do mito, o freio ao ritual organizado e uma certa ênfase à lógica.

Se na Grécia havia uma predominância do uso da escrita para fins culturais e educativos, em Roma, sua utilização era eminentemente mais política. Os romanos empregavam diversos materiais para escrever, como tábuas de madeira revestidas com cera, rolos de papiro e até mesmo o cobre. Quanto mais importante fosse o texto, melhor e mais caro era o material utilizado como suporte. Valorizavam também a leitura pública de textos e as cidades eram o grande palco para isso. Havia um mercado de livros e, aos poucos, o *volumen* produzido em papiro foi sendo substituído pelo *códice*, feito com folhas dobradas que formavam cadernos unidos uns aos outros.

Segundo Gontijo (2004, p. 95), "em Roma, a alfabetização constituía um privilégio da classe alta, embora tenham sido encontrados sinais reveladores de que outras camadas da população tivessem acesso à escrita".

Por suas próprias características e pelo seu nível de evolução política, o uso da escrita em Roma reforçou os interesses de uma organização social formada por classes distintas hierarquicamente, na qual alguns grupos exerciam poder sobre os demais. A escrita, como meio de comunicação social, passou a se atrelar à sociedade de tal forma que já não é possível distinguir o quanto uma é determinante sobre a outra. Mas essa história está apenas começando.

1.3
A fala e a escrita no Brasil

É uma tarefa árdua pesquisar a história da comunicação em um país "descoberto" no século XVI, quando, em diversas outras partes do mundo, as sociedades já eram complexas e se articulavam por meio das tramas comunicacionais. Mas, afinal, é possível estudar a oralidade, a arte rupestre e o início da escrita no Brasil? Temos um país que até o século XXI ainda convive com comunidades ágrafas e/ou analfabetas, cuja única forma de comunicação é, ainda, a oralidade.

Gontijo (2004, p. 38) aponta que "no final do século XIX o dinamarquês naturalista Peter Wilhelm Lund encontrou em Lagoa Santa, Minas Gerais, ossadas humanas com de mais de 20 mil anos de idade, o que significa que também por aqui temos vestígios da Pré-História".

Com base nos estudos de Lund que mapearam alguns sítios arqueológicos nos quais foram encontrados fósseis de animais, utensílios e urnas funerárias, foram se ampliando as pesquisas sobre as antigas populações de outras regiões brasileiras. Como no resto do mundo, os estudiosos desses vestígios interpretam os registros encontrados em cavernas e sítios arqueológicos traçando paralelos e fazendo analogias entre a produção artística da Pré-História e o significado dos mesmos símbolos presentes nas culturas de características primitivas dos dias de hoje.

Tais pesquisas identificaram alguns vestígios em Minas Gerais, na região central da Bahia, no Piauí e no Rio Grande do Norte.

Segundo a autora, a maior parte do acervo encontrado – composto por utensílios de pedra, osso e barro – em diferentes pontos do país demonstra o desconhecimento das técnicas de metalurgia e do vidro. Ao mesmo tempo, apresenta uma grande diversidade de temas, motivos e técnicas de adorno.

Não temos registro da linguagem escrita nos referidos vestígios, e a linguagem oral era a principal expressão de comunicação das tribos brasileiras de diferentes troncos linguísticos. Mesmo depois da descoberta e da chegada dos portugueses, a oralidade permaneceu, durante muito tempo, como o principal meio de comunicação da sociedade brasileira, como nos mostra Barbosa (2013), o que será abordado com maior profundidade nos próximos capítulos.

Síntese

Ideia central: A história da comunicação confunde-se com a história da humanidade. O homem se reconheceu como tal a partir do momento que expressou suas ideias e começou a interagir com seu semelhante.
A história da comunicação deve ser estudada mediante três dimensões da comunicação:

- **antropológica** – a comunicação é uma característica humana, a qual reflete e é determinada pelo estágio de desenvolvimento do ser humano;
- **técnica** – o homem em contato com a natureza produz riquezas e utiliza a comunicação nesse processo;
- **social** – a comunicação regula e possibilita a vida em sociedade e é nela que ganha sentido.

Da fala à escrita: o começo de uma longa história

	A fala	A escrita
Período	Até aproximadamente 10 mil anos a.C.	Aproximadamente 6 mil anos a.C.
Contexto social	Nomadismo, organização em pequenos grupos/tribos que sobreviviam da coleta de frutos, da pesca e da caça de animais.	O homem se fixou à terra e desenvolveu a agricultura e a domesticação de animais; vivia em pequenos vilarejos e aldeias.
Principais meios de comunicação	Gestos, sons guturais, fala (representação fonética que passa a ter sentido no grupo), desenhos rupestres que representavam animais e objetos da vida cotidiana.	Escrita cuneiforme, escrita feita com o uso de pictogramas e hieróglifos; descoberta do alfabeto fenício, ao qual foram acrescentadas as vogais criadas pelos gregos.
Materiais utilizados	Pedra, carvão, plantas.	Argila, pedra, madeira, papiro, osso, pincéis feitos de plantas e cunhas de ferro, tinta.
Uso social dos meios de comunicação	Comunicação direta (entre as pessoas do mesmo grupo), dominação dos perigos por meio da representação nos desenhos.	Contabilidade da produção, função religiosa/mágica (textos nos sarcófagos), função cultural e política (privilégio para quem dominava a arte de escrever, ler e interpretar os textos).

Para saber mais

A maior parte das referências bibliográficas sobre a história da comunicação privilegia as invenções tecnológicas a partir do século XV, como o surgimento da prensa de Gutenberg e a criação dos jornais nos séculos seguintes. Poucos autores, dentre os quais destacamos Giovannini (1987) e Gontijo (2004), dão atenção a dois marcos da história: a descoberta da fala e a da escrita.

Existem obras que tratam dessas invenções, mas não são do âmbito da história da comunicação, e sim da linguística e da antropologia. Um exemplo é a obra de Georges Jean, *A escrita: memória dos homens*, ricamente ilustrada e que vale a leitura.

JEAN, G. **A escrita**: memória dos homens. Tradução de Lídia da Motta Amaral. Rio de Janeiro: Objetiva, 2002.

Além dos livros, alguns filmes possibilitam maior compreensão das características desse período da história da humanidade, como:

A GUERRA do fogo. Direção: Jean-Jacques Annaud. França/Canadá, 1981. 101 min.

O filme aborda as vivências de duas tribos de hominídeos pré-históricos: enquanto o primeiro grupo cultua o fogo e comunica-se por gritos e grunhidos; o segundo domina a tecnologia de produzir o fogo e apresenta uma interação mais complexa e sonoramente articulada. Essa narrativa é um bom exemplo do contexto de surgimento da linguagem humana, sobre o qual tratamos neste capítulo.

100 MILHÕES antes de Cristo. Direção: Griff Furst. EUA, 2008. 85 min.

Nesse longa, acompanhamos o trabalho do cientista Frank Reno na marinha americana. Ele e sua equipe de soldados viajam no tempo até, como o próprio título cita, 100 milhões de anos a.c., mais especificamente durante o Cretáceo. Com isso, temos uma projeção de como seria a vida, seus perigos e desafios, nessa época.

Outra possiblidade de contato com objetos e utensílios da Pré-História é por meio de museus que guardam em seus acervos aqueles encontrados em sítios arqueológicos. Alguns desses museus podem ser visitados virtualmente:

AMAA – Acervo Multimídia de Arqueologia e Multimídia. **Laboratório de Ensino e Pesquisa em Antropologia e Arqueologia**. Disponível em: <http://www.amaacervos.com.br/>. Acesso em: 27 abr. 2020.

USP – Universidade de São Paulo. **Museu Virtual da Evolução Humana. Laboratório de Estudos Evolutivos Humanos**. Disponível em: <http://evolucaohumana.ib.usp.br/>. Acesso em: 27 abr. 2020.

MUSEU VIRTUAL DE ARQUEOLOGIA. Disponível em: <http://nupec.lwsite.com.br/museu-virtual-de-arqueologia>. Acesso em: 27 abr. 2020.

Um museu que merece uma visita é o Museu da Língua Portuguesa, em São Paulo. Ele contém a história da nossa língua, assim como exposições temporárias.

MUSEU DA LÍNGUA PORTUGUESA. Disponível em: <http://museudalinguaportuguesa.org.br/>. Acesso em: 27 abr. 2020.

Em Curitiba, é possível ver de perto uma imitação das tábulas com os primeiros pictogramas, além de sarcófagos com os hieróglifos desenhados, nos Museus Egípcio e Rosa Cruz Tutankhamon.

MUSEUS EGÍPCIO E ROSA CRUZ TUTANKHAMON. Disponível em: <http://museuegipcioerosacruz.org.br/>. Acesso em: 27 abr. 2020.

Também recomendamos a visita aos sítios arqueológicos brasileiros: o Parque Nacional da Serra da Capivara, localizado na cidade de São Raimundo Nonato (Piauí); e o Parque Nacional do Catimbau, que compreende os municípios de Buíque, Tupanatinga e Ibimirim (Pernambuco).

BRASIL. Ministério do Meio Ambiente. Instituto Chico Mendes de Conservação da Biodiversidade. **Parque Nacional da Serra da Capivara**. Disponível em: <http://www.icmbio.gov.br/portal/visitacao1/unidades-abertas-a-visitacao/199-parque-nacional-da-serra-da-capivara>. Acesso em: 27 abr. 2020.

BRASIL. Ministério do Meio Ambiente. Instituto Chico Mendes de Conservação da Biodiversidade. **Parque Nacional do Catimbau**. Disponível em: <http://www.icmbio.gov.br/portal/visitacao1/unidades-abertas-a-visitacao/732-parque-nacional-do-catimbau>. Acesso em: 27 abr. 2020.

Questões para revisão

1. Sobre a oralidade, avalie as afirmações a seguir.
    I) Ainda hoje existem comunidades ágrafas em várias regiões do planeta e, no Brasil, o contingente de analfabetos continua significativo.

II) Os registros arqueológicos mostram que os seres humanos vêm interagindo com seus pares e com seu meio ambiente de diferentes formas ao longo do tempo.

III) Ao desenvolver sua capacidade intelectual, como a criação da fala, por exemplo, o homem ampliou suas possibilidades de sobreviver e de destruir.

IV) É impossível dissociar o desenvolvimento social e cultural do desenvolvimento da linguagem.

Agora, assinale a alternativa que apresenta a resposta correta:

a) Todas as afirmações são verdadeiras.
b) Apenas as afirmações I e III são verdadeiras.
c) Apenas as afirmações II e IV são verdadeiras.
d) Apenas as afirmações I, II, e IV são verdadeiras.

2. Sobre a comunicação antes da escrita, é **incorreto** afirmar:

a) A função das pinturas rupestres não era comunicar, mas sim expressar. Por isso, são denominadas *arte pré-histórica*.
b) Na época, o homem vivia em pequenos grupos, plantava seu próprio alimento e criava os animais para sua alimentação.
c) Para fazer as pinturas nas pedras, o homem utilizava, além dos dedos, fibras vegetais, carvão de lenha e materiais macios capazes de absorver a cor.
d) A linguagem falada pressupõe a capacidade de traduzir em conceitos os elementos da vida cotidiana.

3. Sobre a invenção da escrita, é correto afirmar:
   a) Surgiu na Suméria, na Mesopotâmia, numa civilização decorrente da fusão das etnias suméria e acádia.
   b) A língua usada pelos sumérios continuou sendo falada até a Era Cristã.
   c) Os primeiros registros escritos datam de mais de 20 mil anos a.C.
   d) A primeira forma de escrita registrada foi a cursiva.

4. Em relação à invenção do alfabeto, explique sua importância para o aprendizado humano.

5. Explique a relação entre a invenção da escrita e a sistematização do conhecimento.

Questões para reflexão

1. "Vinte mil anos antes de nossa era, em Lascaux, homens traçam seus primeiros desenhos. Será preciso esperar 17 milênios para que se inicie uma das mais fabulosas facetas da história da humanidade – a escrita" (Jean, 2002, p. 11).

   Descreva o surgimento da escrita na história do homem, analisando suas implicações antropológicas e sua importância para a produção do conhecimento.

2. Explique por que a invenção do alfabeto é um importante passo na democratização do conhecimento para a humanidade.

3. Qual a importância da alfabetização no desenvolvimento econômico e cultural de um país? Quais os principais problemas relacionados à alfabetização no Brasil?

4. Faça uma pesquisa sobre as comunidades ágrafas brasileiras, identificando suas principais características e formas de comunicação. Em seguida, pesquise sobre os índices de analfabetismo no Brasil e reflita sobre como, em uma sociedade grafocêntrica como a nossa, o acesso à informação e a bens culturais é afetado pelo pouco domínio da escrita ou de letramento em certas práticas de interação. Por fim, tencionando atingir esses dois grupos, um que não conhece/precisa da escrita e outro que, por razões diversas, não teve a possibilidade de domínio desta, elabore um produto de comunicação.

Capítulo

02

A prensa de Gutenberg e a primeira revolução na história da comunicação

Conteúdos do capítulo:

- A invenção da prensa de Gutenberg: processo mecânico.
- Primeiros usos do material impresso.
- Criação dos primeiros livros.
- Uso político e religioso da prensa.

Após o estudo deste capítulo, você será capaz de:

1. situar cronologicamente a invenção da prensa de Gutenberg, relacionando-a com o desenvolvimento da sociedade na Idade Média;
2. identificar as necessidades sociais que impulsionaram essa invenção;
3. compreender a importância da invenção da prensa para a objetivação do texto;
4. diferenciar a reprodução mecânica de textos da criação da instituição imprensa.

Um longo período se passou até o que pode ser considerado o terceiro marco na história social dos meios de comunicação: a invenção da prensa de Gutenberg. Desde a criação da escrita, o homem não parou de utilizá-la para fins econômicos, culturais, políticos, religiosos ou sociais. Entretanto, tal uso foi condicionado e determinado pela evolução das sociedades da Antiguidade à Idade Média.

Neste capítulo, abordaremos essa mudança, analisando desde as proibições do acesso à leitura na Alta Idade Média até a invenção do irreverente Gutenberg no século XV. Depois disso, daremos um novo salto no tempo – períodos cada vez mais curtos na história – para abordar o surgimento da imprensa, instituição social que, a partir do século XVIII, começou a determinar os novos rumos da sociedade.

2.1
A Idade Média

Ao apogeu e à ascensão dos centros urbanos da Antiguidade capitaneados pelo esplendor de Roma, seguiu-se um período de volta ao campo e recolhimento, o qual a história denomina *Idade Média*.

Foi aproximadamente no final do século III e início do IV que o domínio romano começou a diminuir, produzindo como consequência a decadência das cidades e o desaparecimento dos principais centros urbanos. Houve degradação do poder imperial, fechamento e destruição de bibliotecas e de centros culturais e fuga para o meio rural.

Nesse contexto, os feudos e mosteiros tornaram-se cenários de uma nova realidade social e econômica. Missionários cristãos incumbiram-se, então, de catequizar o mundo, enquanto na Arábia, por volta do século VI, surgiu o islamismo, liderado pelo profeta Maomé, que incitava seus seguidores a converterem o maior número de povos à nova fé (Gontijo, 2004)[1].

Do ponto de vista econômico, as principais atividades desenvolvidas pelo homem durante esse período foram a agricultura e a pecuária, que se restringiam aos limites do feudo, uma propriedade autônoma e autossuficiente. O mesmo aconteceu com os mosteiros, nos quais, obedecendo a uma rígida hierarquia eclesiástica, era feita a divisão do trabalho de produção.

---

1   Gontijo (2004, p. 113) relata que "o famoso pão francês denominado *croissant*, em forma de lua crescente, é um símbolo islâmico que foi criado para ser enviado como aviso de que os invasores árabes estavam se aproximando".

Preste atenção!

As atividades culturais aconteciam esporadicamente e dependiam do grau de conscientização e sensibilidade dos reis e proprietários feudais. Nos mosteiros, os monges eram, em sua maior parte, analfabetos, e apenas um grupo restrito de religiosos tinha acesso aos textos sagrados. As poucas bibliotecas existentes viviam trancafiadas a sete chaves, pois a leitura de algumas obras da Antiguidade era absolutamente proibida. Como não havia muita procura por livros, sua produção também era limitada. Poucos monges se dedicavam ao trabalho de copiar manualmente textos, e aqueles que o faziam recebiam o nome de *copistas*.

Giovannini (1987, p. 64) destaca que, no período compreendido entre a Antiguidade e a Alta Idade Média[2], o livro e a escrita deixaram de ser instrumentos de transmissão de cultura para se transformarem em símbolos sagrados que o povo passou a venerar mesmo que não os entendesse. O homem desse período vivia isolado em feudos longínquos e distantes uns dos outros, submisso a uma Igreja institucionalmente poderosa que punia severamente

---

2 Os historiadores fazem uma divisão da Idade Média, denominando *Baixa Idade Média* o período compreendido entre o final do século XIII e o século XV; e de *Alta Idade Média* o período que vai do século V ao século X aproximadamente. A Alta Idade Média foi o período de maior reclusão no campo e no feudo, seguido pela abertura provocada pelas Cruzadas e Grandes Navegações nos séculos seguintes, na Baixa Idade Média.

ao mínimo sinal de desobediência. O riso e a alegria eram, nesse sentido, considerados profanos[3].

Uma exceção a essa postura da Igreja foi o pontificado de Gregório Magno, cuja política era canalizada para o clericalismo do saber e sua transmissão. Ele não podia exigir dotes intelectuais das massas que precisava evangelizar, mas proibiu a ordenação de sacerdotes analfabetos. Magno também valorizava a pintura como instrumento capaz de ajudar os "ignorantes" a conhecer a história sagrada, revelando-se, por isso, segundo Giovannini (1987, p. 66), "um homem do seu tempo", aquele "medieval que [...] [traduziu] as ideias através das imagens" e que propiciou o grande florescimento da arte românica.

Os rolos litúrgicos, nos quais as cenas da história sagrada eram representadas por meio de desenhos, foram importantes recursos de comunicação dessa época. Inicialmente, tinham a função litúrgica de explicar os textos bíblicos, mas se tornaram aos poucos uma forma de comunicação entre a classe dominante e a subalterna. Vale destacar a dificuldade para a elaboração desses rolos, pois raros eram os animais com peles que pudessem ser convertidas em pergaminhos. Além disso, poucos sujeitos sabiam escrever e desenhar o que era necessário, como expressar/ilustrar seus próprios medos para sentir que, com isso, dominavam o perigo. Em outros lugares, como na China, no entanto, já se utilizava a seda

---

3   O filme *O nome da rosa*, baseado no livro homônimo de Umberto Eco, retrata com propriedade as características desse período e a veneração do livro como objeto sagrado e proibido.

e o papel – este último, a partir do século XV, revolucionou a história da comunicação, como mostraremos a seguir.

Apesar de todas essas características de reclusão e restrição de contato com os livros e a cultura, dois movimentos embrionários surgiram no período da Alta Idade Média e foram determinantes para o prosseguimento da história dos meios de comunicação. O primeiro deles foi a criação das universidades no século XI, como a fundada em Bologna, na Itália, em 1150. Nelas, pessoas com alto poder aquisitivo contratavam um professor para dar aulas sobre assuntos essenciais e diversos, os chamados *temas universais*, daí o nome "universidade". Pouco a pouco, outros centros como o de Bologna foram surgindo, e também emergiram grupos de universitários que passaram a ter necessidade de livros.

O outro movimento teve caráter religioso. Com o aparecimento do islamismo, a Igreja Católica sentiu-se ameaçada e organizou grandes expedições de fé para catequizar povos distantes, as quais receberam o nome de *Cruzadas*. Obviamente, tais expedições, além de terem cumprido uma finalidade religiosa, proporcionaram uma movimentação social e econômica que impulsionou o ressurgimento das cidades e da vida urbana.

Importante!

Devido às Cruzadas, começaram a ocorrer trocas de experiências, de mercadorias e de ideias entre distintos povos, que sedimentaram os novos tempos e as grandes transformações processadas a partir do século XV.

As Cruzadas significaram, segundo Gontijo (2004, p. 135), um importante canal de comunicação, contribuindo para o fomento do comércio e da navegação no Mediterrâneo, além de integrar culturas e transmitir informações de um lado a outro. Assim, podemos concluir que esse período de Alta Idade Média, conhecido como *Idade das Trevas,* foi também profícuo para a história da humanidade, por possibilitar a gestação do mundo moderno que o sucede.

Do ponto de vista artístico, a Idade Média também deixou um legado considerável. A arte gótica foi sua expressão estética na arquitetura. Já na literatura, trovadores – os poetas provençais – criaram a poesia lírica de língua vulgar, que era recitada em alguns lugares de diversão pública; e os fabulários satirizaram o poder vigente, sobretudo os senhores feudais. Surgiram também as canções de gesta, que contavam fatos históricos, romances, sagas e paródias. Há que se notar que tais expressões artísticas e populares tinham um ar de arte profana diante do pensamento eclesiástico dominante e repressivo, mas se espalharam pelas tabernas e por novos espaços públicos que não cessavam de despontar.

2.2
A prensa de Gutenberg

Toda invenção tecnológica passa por três fases distintas: a da invenção propriamente dita, a dos seus primeiros usos e a da apropriação social. Com a prensa não foi diferente, e o papel de Johannes Gensfleische Zurn Gutenberg nisso foi o de criar uma técnica que, posteriormente, revolucionaria a história da comunicação humana. Nascido na Mogúncia, na Alemanha, provavelmente no ano de 1395, em uma família nobre que fazia parte da associação dos cunhadores, Gutenberg foi a Estrasburgo depois de uma luta, em sua cidade natal, entre a nobreza e as corporações. Recusou usufruir de uma anistia concedida aos desertores e, a partir de então, raramente voltou a Mogúncia.

De espírito inquieto e atrevido, envolveu-se em várias disputas judiciais ao longo da vida, que lhe trouxeram muitas dificuldades financeiras. Gutenberg era ourives e tinha muitos amigos em Estrasburgo, fato que lhe salvou de diferentes "apertos". Conta-se que, em um determinado momento de sua estadia na cidade, formou uma espécie de sociedade com outros três jovens para viabilizar "o seu segredo" que daria lucro a todos eles. A história sobre a invenção da prensa não é muito precisa, e ninguém sabia ao certo o que esse jovem ourives da Mogúncia estava criando.

Gutenberg envolveu-se em vários episódios controversos, como o da noiva Ennelin zu der Iserin Tur, que, abandonada, convocou-o a comparecer diante do tribunal eclesiástico da cidade, cobrando-lhe a promessa de casamento. Há registros de que ele tenha permanecido ali até por volta de 1444.

De volta a Mogúncia, Gutenberg emprestou 800 florins de Johannes Fust, e foi provavelmente a partir daí que começou a colocar em prática a invenção da prensa. Giovannini (1987, p. 94) relata que, para criar a prensa de tipos móveis, Gutenberg teve de superar três dificuldades relativas as três fases nas quais se deveria subdividir o processo tipográfico. Deveria, primeiramente,

> inventar um modo eficaz para compor uma página com tipos móveis independentes, que é a ideia básica e que articula por

sua vez em diversas fases; em seguida era necessário conseguir uma tinta densa que aderisse sem problemas às superfícies metálicas e, finalmente, a colocação de uma prensa de impressão que permitisse abandonar o método do tampão usado nas xilografias. (Giovannini, 1987, p. 94)

O ofício de ourives certamente o ajudou a superar essas dificuldades, sobretudo a que diz respeito à fundição dos tipos móveis. O inventor criou também uma tinta adequada para a impressão e começou a usar o papel. Tudo isso pedindo um empréstimo seguido do outro, o que fez com que seus inventos não tivessem o seu nome, mas sim o daqueles que os financiavam, em especial Giovanni Fust e Pietro Schoffer.[4]

Foi da oficina deles que saíram os primeiros livros produzidos mecanicamente com tipos de impressão móveis. Porém, segundo Giovannini (1987, p. 97), "devido ao seu notável grau de perfeição, é certo que o próprio Gutenberg já tivesse concluído várias publicações antes do *Salterio* e da *Bíblia* de 42 linhas, com as quais já tinha, de algum modo, saldado o empréstimo feito junto a Fust". Foi essa *Bíblia* de 42 linhas (e 1.465 páginas) o primeiro livro impresso que, segundo Gontijo (2004, p. 182), marcou o início de uma revolução na disseminação da informação.

---

4   No Capítulo 4, com a história do rádio, mostraremos que, às vésperas do século XX, os inventores, especificamente Guilhermo Marconi, preocuparam-se muitos mais em assegurar, por meio do registro de patente, seus direitos sobre os produtos criados.

Ao narrar a história da mídia, Briggs e Burke (2004, p. 26) apontam que, na China e no Japão, a imprensa[5] já existia há muito tempo, mas o método utilizado era o chamado *imprensa em bloco*, no qual se utilizava um bloco de madeira entalhada para imprimir uma única página de um texto específico. Segundo os autores, esse método se adequava às culturas que empregavam milhares de ideogramas em vez de um alfabeto de 20 ou 30 letras.

A invenção de Gutenberg se espalhou pela Europa rapidamente, e, por volta de 1500, já haviam sido instaladas máquinas de impressão em mais de 250 lugares, sendo 80 na Itália, 52 na Alemanha e 43 na França (Briggs; Burke, 2004, p. 26).

2.3
O impacto da prensa móvel na sociedade medieval

Não é fácil enumerar os impactos da invenção da prensa na sociedade europeia do século XV. Por isso, voltemos às três dimensões da comunicação para entendermos melhor que sentido tiveram tais repercussões. Do ponto de vista antropológico, a invenção de Gutenberg surgiu no momento em que o homem medieval começou

---

5   Gutenberg inventou a prensa, técnica que possibilitou a impressão em grande escala, mecanizada e em papel. É comum utilizar-se também o termo *imprensa* para se referir a essa técnica, atribuindo ao texto resultante desse processo o nome de *texto impresso*. Os termos *prensa* e *imprensa* são utilizados nesse contexto por diferentes autores. Não devem, entretanto, ser confundidos com o outro sentido para o termo *imprensa*, o qual abordaremos nos capítulos seguintes, que diz respeito à instituição social incumbida de distribuir informações profissionalmente, sendo denominada *imprensa* até os dias atuais genericamente, normalmente grafada com inicial maiúscula.

a se abrir para novos destinos, inicialmente motivado pelas Cruzadas, mas também incitado pelas oportunidades comerciais que o ressurgimento das cidades lhe proporcionava. Esse homem já tinha contato com a universidade e com centros produtores de conhecimento, arte e cultura. Era também ávido por novidades, e a produção em série de livros agilizou o seu acesso a novos mundos e a novos modos de pensar. Isso, por sua vez, relativizou as verdades inquestionáveis da Igreja.

Importante!

A produção industrializada de livros também contribuiu para a padronização do texto, uma vez que, com uma única matriz, eram produzidos inúmeros exemplares, diferentemente dos copistas, que podiam acrescentar um ou outro termo a cada nova cópia que faziam.

Se o alfabeto representou um dos primeiros passos rumo à democratização do conhecimento, ao possibilitar o aprendizado das letras que podem formar palavras e textos, a prensa de Gutenberg deu um novo salto nessa mesma direção, propiciando a multiplicação desmesurada de textos e ideias. Essa multiplicação foi acelerada por interesses comerciais da nova atividade econômica dos editores de livros, que se interessaram e investiram no novo ofício. O livro, que, como vimos, era um objeto de veneração na Alta Idade Média, guardado a sete chaves nas bibliotecas de mosteiros e feudos, agora se transformou em mercadoria. E, para dar lucro, precisava ser comercializado em grandes quantidades.

Segundo Giovannini (1987, p. 131), "com o desenvolvimento industrial da produção livreira, os preços dos volumes desceram tanto a ponto de transformá-los em bens de consumo, e começou a ser impressa uma infinidade de exemplares". Isso leva McLuhan (citado por Giovannini, 1987, p. 131) a afirmar que,

> com a imprensa, a Europa experimentou a sua primeira fase de consumo, não apenas porque a imprensa é um meio de comunicação para o consumidor, além de uma mercadoria, mas por ter ela ensinado aos homens como organizar qualquer outra atividade sobre uma base linear e sistemática. Mostrou aos homens como criar exércitos e mercados.

Mas esse sucesso na venda de livros demandou muito esforço dos primeiros editores na adaptação do livro, tal como era conhecido, em um objeto comercializável. A começar pelo porte: os livros manuscritos eram grandes, volumosos, inviáveis para serem transportados em grandes quantidades e por longas distâncias. Aos poucos, os editores foram adequando e criando uma nova diagramação para os textos, produzindo, assim, volumes menores e mais fáceis de serem transportados. Essas necessidades, por sua vez, impulsionaram o aprimoramento da tipografia, do papel e das tintas usadas, acelerando o processo de impressão e tornando-o de melhor qualidade.

Foi a primeira vez na história da humanidade que a produção de riqueza aconteceu industrialmente, com divisão do trabalho em fases bem precisas, resultando em grande quantidade de objetos iguais. Do mesmo modo, foi a primeira vez que um meio de comunicação foi produzido como mercadoria, com a finalidade de atingir o maior número possível de pessoas e gerar lucro. Obviamente, essa foi uma segunda grande revolução na história da comunicação, que acarretou comportamentos e formas de controle social inéditos.

Um segundo grande impacto dessa nova invenção diz respeito justamente à divulgação de ideias e ao convencimento dos indivíduos. Martinho Lutero viu na imprensa o poder de influenciar pessoas e a utilizou para elaborar panfletos nos quais expunha seu posicionamento contrário aos mandos e desmandos da Igreja Católica[6].

De acordo com Gontijo (2004, p. 187), "para divulgar seus escritos, Lutero contou com o patrocínio dos príncipes alemães e com a tipografia. Inúmeros panfletos foram impressos e distribuídos nas praças, e mesmo de casa em casa". Podemos dizer que esse foi o princípio do uso da propaganda na difusão de ideias e convencimento das massas, o qual retornou fortemente no início do século XX, durante as duas grandes guerras mundiais.

Na análise dos impactos da imprensa na Europa do século XV, Briggs e Burke (2004, p. 76) consideram que a mudança cultural "foi mais aditiva que substantiva", principalmente nesse primeiro estágio de inovação. Os autores afirmam que "a velha mídia de comunicação oral e por manuscritos coexistiram e interagiram com a nova mídia impressa, assim como esta, hoje uma mídia antiga, convive com a televisão e a Internet, desde o princípio do século XX".

É importante ressaltar aqui que, no decorrer da história da comunicação, os novos meios inventados não superaram necessariamente

---

[6] Esses panfletos eram denominados *canards*, que em francês significa "pássaros", porque pareciam "voar" com novas ideias.

os anteriores, que – na maioria dos casos – se readequaram às novas características sociais e às novas funções, mas continuaram existindo. As mudanças introduzidas pelas editoras na reprodução dos livros destacaram, por sua vez, a necessidade constante de cada meio se adaptar às novas linguagens e às novas formas de expressão e de comunicação criadas pelo homem.

Preste atenção!

Ressaltamos aqui que cada novo meio de comunicação pode provocar mudanças e até a extinção de meios anteriores como são tradicionalmente conhecidos. Vários são os exemplos do século XXI que ilustram tais mudanças, como o fim da impressão de vários jornais, que se transformaram em digitais, além da troca das correspondências escritas por mensagens eletrônicas, como *e-mails*.

2.4
Da prensa à imprensa: dois séculos a percorrer

Embora atribua-se a Gutenberg a alcunha de "pai da imprensa", o que ele criou, de fato, foi a prensa, ou a maneira de se reproduzir textos em grande escala utilizando tipos móveis. A imprensa como instituição responsável pela divulgação e pela circulação de ideias e informações, tal qual a conhecemos hoje, só foi criada cerca de dois séculos depois dos feitos gutenberguianos.

Precisamos destacar que o principal produto da imprensa "instituição" é a informação e que a necessidade social da circulação de informação não surgiu de uma hora para outra. A reconstrução das cidades, as Grandes Navegações e as ideias humanistas mudaram pouco a pouco a maneira como o homem reconhecia a si mesmo e ao mundo em que vivia. Artesãos e comerciantes formaram, então, uma nova classe social de seres autônomos, que não aceitava mais os mandos e desmandos da aristocracia feudal e do clero. O descobrimento de terras longínquas, possibilitado pelos avanços de pesquisas científicas, atiçou o interesse coletivo pela técnica e pelos estudos e, assim, houve uma troca de experiências, valores e expressões culturais. O homem queria mais e precisava conhecer mais para impulsionar os seus negócios e suas atividades econômicas, que já haviam extrapolado os limites dos feudos.

Foi nesse contexto emergente que a informação, aos poucos, se converteu em uma necessidade social. Os primeiros jornais de que se tem notícia datam do século XV: *Les Nouvelles d'Anvers*, de 1605 – considerado o primeiro periódico do mundo; e o *La Gazette*, de Renaudot, de periodicidade semanal, criado em 30 de maio de 1631, e protótipo do jornal da época moderna (Balle, 1994, p. 61).

Balle (1994) afirma que o surgimento dos jornais antes ou depois de Gutenberg não nos permite responder à questão sempre presente: É a técnica que faz surgir a necessidade à medida que a satisfaz; ou, ao contrário, são as expressões das necessidades da sociedade que impulsionam a descoberta de técnicas que as satisfazem?

Três denominações eram dadas aos "ancestrais" dos jornalistas, ou seja, às pessoas que se ocupavam de "espalhar notícias" nesse período. Segundo Balle (1994), havia:

1. Os *menanti*, que eram autores de notícias escritas à mão e divulgadas na Alemanha e na Itália. Cobravam altos preços, proporcionais ao seu próprio grau de indiscrição (adoravam ficar espiando atrás das portas nos castelos) e ao nível hierárquico do indivíduo sobre quem falavam.
2. Os *nouvellistes,* que tentaram se livrar do rigor da censura e da pecha de indiscrição de seus antecessores.
3. Os *gazetiers,* que surgiram no período da Renascença e relatavam acontecimentos mais diversos em cadernos de quatro, oito ou dezesseis páginas.

Théophraste Renaudot, depois de uma longa batalha, conseguiu do rei da França, em outubro de 1631, o direito de "imprimir e vender a quem se interessar, as gazetas, notícias e recitos de tudo o que se passou e se passa dentro e fora do reino, conferências, preços de mercadorias e outras informações [...]" (Balle, 1994, p. 62, tradução nossa)[7].

---

7   Do original: *"faire imprimir et vendre par qui bon lui semblera, les gazettes, nouvelles et récits de tout ce qui sést passé et passé tant dedans que dehors le royaume, conferences, prix courant des marchandises et autres impressions* [...]".

Preste atenção!

La Gazette era bem impresso, tinha oito páginas e uma tiragem de 1200 exemplares. Pela primeira vez, adquiriu-se a prática da publicação regular, periódica de um caderno de notícias, característica da imprensa. Em termos de conteúdo, também havia um leque de temas que apontam a necessidade de informação daquela sociedade: notícias de dentro e de fora do reino, novidades, preços – que interessavam ao próspero comércio da época – e informações diversas. É por isso que Balle (1994, p. 63, tradução nossa) o considera um protótipo, "por ser a primeira vez que as notícias são impressas e divulgadas em periodicidade regular, dois séculos depois da invenção da prensa de Gutenberg".

Apesar do valor simbólico de *La Gazette* e de seu criador, Renaudot, nesse período, em toda a Europa, outros jornais começaram a ser criados, como na Itália, na Alemanha e na Inglaterra. Nesses locais, os periódicos se tornaram verdadeiros *hobbies* da aristocracia endinheirada. Mais do que um simples instrumento de divulgação de notícias, os jornais passaram a estimular a discussão pública nos centros urbanos, convertendo-se em "mediadores" entre o público ampliado de cidadãos que viviam nessas vilas urbanas e o poder político. Em 1789, em Paris, um em cada dois políticos tinha o seu próprio jornal.

Acerca do exposto, Gontijo (2004, p. 203) destaca uma das maiores coleções de notícias escritas que se conhece até o momento, resultado do sistema criado pelo conde Philipp Eduard Fugger, um financista alemão: 36 mil páginas redigidas nas chamadas *Cartas informativas de Fugger*, contendo notícias de interesse geral em uma perspectiva ampla e internacional. Giovannini (1987, p. 148), ao analisar o período, afirma que

> durante um longo lapso de tempo, jornalistas, editores e impressores ingleses mantiveram uma posição de vanguarda na idealização de folhas de notícias, valorizando, sobretudo, duas características ainda hoje muito importantes para um jornal: o hábito, iniciado em 1620, de estabelecer um relacionamento entre diretor e leitor através da publicação de cartas, agrupadas em verdadeiras seções, e uma hábil paginação em testemunho de um inventivo gênio jornalístico no sentido mais moderno do termo.

Paulatinamente, a imprensa e os jornais, que passaram a ser diários, viraram um instrumento essencial de comunicação política nos séculos seguintes, juntamente com a constitucionalização do Estado e a consolidação de uma verdadeira opinião pública. Briggs e Burke (2004, p. 96) afirmam que os "anos da metade do século XVII foram significativos pelo uso de panfletos e jornais em que monarquistas e parlamentaristas expressavam os respectivos pontos de vista". Segundo os autores, o "efeito preciso da explosão de notícias e comentários neste período continua sendo matéria controversa [para os historiadores]" (Briggs; Burke, 2004, p. 96).

Gontijo (2004, p. 205), por sua vez, diz que,

mesmo não se podendo afirmar com precisão quando a palavra imprensa passou a ser sinônimo de jornalismo, passando a designar genericamente as atividades de coletar informações, redigir, editar, imprimir e publicar a notícia, é certo que a circulação de notícias impressas foi rapidamente se transformando num poderoso veículo de comunicação.

Essa comunicação se viu cada vez mais imbricada nas tramas da sociedade moderna, que estava chegando para pôr um fim na Idade Média.

2.5 A imprensa na história do Brasil

O Brasil sequer existia no mapa quando Gutenberg criou a prensa, que iria revolucionar a maneira como os homens se comunicavam. Os portugueses chegaram ao Brasil na onda dos grandes descobrimentos do século XVI, exatamente em 21 de abril de 1500. Se na história da comunicação existem poucas obras que tratam do período que antecede o surgimento da imprensa, a partir do século XVIII, a história da comunicação no Brasil tem ainda menos obras, sendo a de Gontijo (2004) a principal delas, na qual a autora insere, em todo o seu texto, referências do que ocorria no país em cada período retratado.

Nos últimos anos, autores, como Marialva Barbosa (2013), têm se dedicado ao tema, mas o fazem, sobretudo, a começar pelo século XVII. O livro clássico *História da imprensa no Brasil*, de Nelson Werneck Sodré, reeditado em 2011, é sem dúvida uma fonte fundamental de pesquisa que nos ajuda a entender o que aconteceu no Brasil em termos de comunicação após o descobrimento, quando na Europa os meios de comunicação impressos começavam a vingar.

Gontijo (2004) relata que, desse contexto, o que de mais importante podemos falar é o fato de o descobrimento do Brasil e o da América, este último pelo espanhol Cristóvão Colombo, serem as principais notícias do Renascimento que circularam pela Europa. Diz ela:

> uma das cartas escritas pelo explorador para suas altezas imperiais, narrando suas descobertas, foi composta, impressa e distribuída como panfleto antes de sua chegada à corte em três meses, "tornando-se um best seller", conforme narrou Samuel Eliot Morison, biógrafo de Colombo, em seu livro. (Gontijo, 2004, p. 211)

Fique atento!

As cartas contendo relatos das descobertas geraram um enorme volume de informações sobre povos e culturas completamente desconhecidos e em níveis diferentes de desenvolvimento técnico e social. Isso despertava o interesse de europeus, cada vez mais abertos às novidades desse mundo recém-descoberto primeiramente pelas Cruzadas e depois pelas Grandes Navegações.

No primeiro período após o seu descobrimento – chamado *colonial* –, o Brasil ocupava, na história da comunicação, muito mais o papel de "notícia" do que de protagonista no uso dos meios. A partir daí, com o advento de todas as grandes invenções tecnológicas da comunicação, como o rádio, a televisão e a internet, o Brasil se tornou sempre um dos primeiros países da América Latina a utilizar os novos meios, como demonstraremos nos próximos capítulos.

Sodré (2011, p. 27) atribui à expansão do capital comercial português o impulso ao surto da arte gráfica na metrópole, acompanhando o que ocorria nas principais cidades europeias daquele período. Impulso esse, segundo o autor, logo cessado pela dificuldade em transferir aquele capital para outras áreas, o que acabou tornando a arte gráfica em Portugal uma atividade perigosa e difícil. Os livros no referido país sofriam três tipos de censura: a episcopal, a da Inquisição e a régia, constituindo um empecilho ao desenvolvimento de toda a atividade intelectual durante mais de dois séculos.

Além dessas adversidades vivenciadas na metrópole, os portugueses que chegaram ao Brasil também tiveram de lidar com toda sorte de dificuldades ao se depararem com comunidades primitivas, que estavam em uma fase cultural comparável a da pedra lascada. Todo o processo de catequização dos índios, efetivado pelos portugueses, no entanto, visou ao aproveitamento de mão de obra enquanto destruía violentamente a cultura deles.

Para Sodré (2011), a grande diferença entre o desenvolvimento intelectual do Brasil e o de outros países, como os colonizados pelos espanhóis, deu-se pelo avanço técnico e econômico alcançado, na época, por esses últimos, que até mesmo já estavam explorando minérios. Para se ter uma ideia da diferença desses estágios, o autor cita que o surgimento da imprensa no México, em 1539, e no Peru, em 1583, assim como o da universidade, ocorreu ainda no período colonial (Sodré, 2011, p. 29).

No Brasil, como nos mostram os livros de história, as primeiras páginas de um jornal só começaram a ser impressas a partir da chegada da família real portuguesa em 1808. Até então, o principal meio de comunicação da sociedade brasileira era a oralidade, como aponta Barbosa (2013), que complementa:

> O predomínio de modos orais de comunicar e modos visuais de fixar imagens duradouras fazem parte de uma história de comunicação que usava os recursos da oralidade (ONG, 1998), na qual não havia espaço para a escritura do traço formado com letras do alfabeto, frases ou palavras. Mas o fato de a maioria da população estar imersa em modos orais de comunicar não quer dizer que essa não fosse uma atividade intelectual complexa. (Barbosa, 2013, p. 19)

A sociedade brasileira do período colonial vivia, portanto, na fase da comunicação oral e era ágrafa, ou seja, não sabia ler nem escrever. A escrita só começou a ser ensinada quando os investidores se dedicaram à transmissão dela para qualificar a mão de obra necessária aos seus próprios empreendimentos (Gontijo, 2004, p. 250). Exceto isso, ao catequizar os índios – e, por consequência, destruir todos os seus valores culturais e religiosos –, a igreja católica, por meio de suas ordens, organizou missões nas quais também os ensinava a escrever, ler e contar.

Fique atento!

A escravidão dos índios e, mais tarde, dos negros criou um abismo intransponível entre a empreitada da catequese e a empresa de colonização, o que culminou com a expulsão dos jesuítas, em 1759, do Brasil.

Os portugueses enfrentaram vários outros problemas para controlar o acesso aos livros, à leitura e ao conhecimento nas terras colonizadas. Gontijo (2004) afirma que era intenso o contrabando de obras e de informações não autorizadas, principalmente a partir do grande fluxo migratório provocado pelo Ciclo do Ouro no século XVIII. "Quanto mais riquezas eram encontradas aqui, mais a Coroa portuguesa e seus prepostos se preocupavam em controlar as informações sobre a colônia, impedindo inclusive que se imprimisse e editasse em solo brasileiro" (Gontijo, 2004, p. 258).

Candido (citado por Barbosa, 2013, p. 32) identifica,

> já em meados do século XVIII, como fazendo parte das aspirações dos intelectuais brasileiros, o clamor pela introdução de um sistema de comunicação que só se realizaria nos primeiros anos do século seguinte: a implantação da impressão e com ela a proliferação dos periódicos e de outras possibilidades de ampliação do contato com o mundo.

Esse atraso no advento da imprensa no Brasil, segundo Sodré (2011, p. 53), tem como explicação a ausência do capitalismo e da burguesia. Pois, como reiteramos desde o início deste livro, a comunicação se dá na articulação de três dimensões.

Vimos que o Brasil, do descobrimento ao século XVII, teve uma sociedade formada por homens cujo desenvolvimento, em termos técnicos e econômicos, era semelhante ao de sujeitos da era da pedra lascada e que indivíduos provenientes de uma cultura um pouco mais desenvolvida naqueles aspectos queriam explorar as riquezas locais, subjugando, para tanto, os mais fracos por meio da violência e do poder. Nesse contexto, para consolidar o domínio da metrópole sobre a Colônia, foi imprescindível controlar a informação, atrasando a participação brasileira no cenário da história da comunicação, que se desenvolvia, na mesma época e noutras nações, a franco vapor.

Síntese

Ideia central: A prensa, inventada por Gutenberg, tornou-se o novo marco da história da comunicação, pois possibilitou a reprodução de textos em grande quantidade mediante uma única matriz, tornando, assim, a difusão do conhecimento mais objetiva e democrática.

A prensa de Gutenberg

Período: Meados do século XV. A Bíblia é considerada o primeiro livro publicado, provavelmente por volta de 1455.

Contexto social: a invenção de Gutenberg situa-se em um período de transição entre a Alta e a Baixa Idade Média. Saiu-se de um período de reclusão no feudo, no qual o livro era proibido e venerado como objeto sagrado, para o de abertura às novas culturas e aos povos "descobertos" pelas Cruzadas e pelas Grandes Navegações. Em virtude das Cruzadas, a Europa criou, primeiramente, rotas terrestres de ligação entre cidades longínquas, desbravando terras e abrindo fronteiras em busca de novos cristãos e para frear a expansão islâmica. Esse processo fez ressurgirem pequenos aglomerados urbanos, onde trabalhavam artesãos que, aos poucos, se consolidaram como uma emergente classe social autônoma e com interesses econômicos específicos. Nesses mesmos centros, jovens universitários buscavam o conhecimento por meio de livros que satisfizessem suas constantes e diversas demandas intelectuais. Para possibilitar as Grandes Navegações, foram desenvolvidas pesquisas que culminaram no retorno da ciência e de ideias humanistas.

Principais meios de comunicação: Segundo Mattelart (2002), as estradas terrestres são meios de comunicação fundamentais na Idade Média à medida que criam ligações físicas, elos de comunicação semelhantes aos de um sistema nervoso. Fora isso, não existiam outros meios, além de textos manuscritos guardados a sete chaves nas poucas bibliotecas dos mosteiros e feudos. Tendo em vista a reconstrução das cidades, tornou-se fundamental produzir novas formas de comunicação, além dos manuscritos. Foi nesse ponto que, por volta dos anos de 1450, a genialidade e a persistência de Gutenberg apresentaram ao mundo um método ágil de reproduzir, mecânica e industrialmente, textos impressos.

Materiais utilizados: o papel é a principal matéria-prima desse período. Para ser utilizado na impressão, foi preciso desenvolver uma tinta que a ele se fixasse bem, semelhante a um jeito apropriado de fundir o metal. Gutenberg só conseguiu desenvolver a prensa com tipos móveis porque superou essa e outras dificuldades. O aprimoramento das tintas e do papel possibilitou o advento de outras invenções nos meios de comunicação na virada do século XIX para o século XX, como mostraremos nos capítulos seguintes desta obra.

Uso social dos meios de comunicação: os textos impressos começaram a ser comercializados e, assim, surgiu a figura do editor de livros. A reprodução mecânica de textos viabilizou também a criação de panfletos, primeiramente utilizados para disseminar as ideias da Reforma Protestante.

Os primeiros jornais

Período: Apenas dois séculos depois da invenção da prensa é que se pode falar na criação de jornais com periodicidade regular, que continham notícias internas e externas ao país, além de informações econômicas.

Contexto social: os jornais surgiram quando os centros urbanos voltaram a ter uma vida ativa e a reunir mercadores, universitários e cientistas. Uma nova classe social se consolidou, cada vez mais autônoma, e, para incrementar seus negócios, precisou de informações sobre o que acontecia ao seu redor e em outras partes do mundo. A informação passou, então, a ser uma necessidade social, essencial também para organização da sociedade, gradativamente mais complexa e interessada no poder, bem como para atender aos anseios de expressão de um homem que, pouco a pouco, se libertava do domínio da Igreja e assumia o controle de sua própria história.

Principais meios de comunicação: os primeiros jornais circularam por volta do século XVII. Eram semanários de 6 a 8 páginas, escritos por aristocratas ricos, interessados em literatura ou política, que bancavam os custos de produção. Paulatinamente, a "arte" de contar anedotas e fuxicos na corte em troca de moedas foi se alterando e culminou no ofício de jornalista.

Materiais utilizados: papel impresso, tipos móveis e tinta.

Uso social dos meios de comunicação: podemos dizer que, nessa primeira fase, os usos sociais dos jornais impressos foram, principalmente, alimentar os negociantes com informações que impulsionaram seus negócios, assim como divulgar conteúdos políticos, ideológicos e culturais. O mundo estava em ebulição, e os jornais impressos eram a melhor forma de retratar esse conjunto de mudanças que preparou uma nova era.

Para saber mais

Sobre a Idade Média, vale a pena conhecer o livro de um dos principais autores a investigar/estudar esse período, que é Jacques Le Goff. A sua obra *Para uma outra Idade Média* é uma das mais completas e lúcidas para quem quer conhecer a fundo o que se pensava nesse contexto, no qual foram gestadas tantas mudanças sociais.

LE GOFF, J. **Para uma outra Idade Média**: tempo, trabalho e cultura no Ocidente. Tradução de Thiago de Abreu e Lima Florencio e Noeli Correia de Melo Sobrinho. 2. ed. Petrópolis: Vozes, 2013.

Outra sugestão é a obra de Marc Bloch, que vai além dos estudos históricos medievalistas e se aprofunda no papel das instituições e dos poderes político, jurídico e religioso. Com um enfoque interdisciplinar, o autor decompõe a estrutura da sociedade feudal, estudando o seu modo de vivere de pensar, suas relações familiares, seus rituais e hábitos sociais, apontando o percurso que conduz tais sociedades à nova forma de organização social denominada *Estado-nação*.

BLOCH, M. **A sociedade feudal**. Tradução de Emanuel Lourenço Godinho. Lisboa: Edições 70, 2006.

Para entender a comunicação no Brasil no período colonial, o livro de Werneck Sodré é a principal referência, um clássico mesmo. Da imprensa colonial à imprensa no Império, é lá que estão as principais atividades brasileiras nesta área, contextualizadas e muito bem situadas. O livro prossegue narrando a história da imprensa até o século XX, mas é sobretudo ao abordar esses primeiros recortes temporais que ele se constitui como uma referência basilar/central.

SODRÉ, N. W. **História da imprensa no Brasil**. São Paulo: Intercom; Porto Alegre: EdiPUCRS, 2011.

Além dos livros, alguns filmes também podem possibilitar a você, caro leitor, maior compreensão das características desse período da história da humanidade, a saber:

O NOME da rosa. Direção: Jean-Jacques Annaud. Alemanha, 1986. 130 min.

Ao narrar a investigação, empreendida por um monge franciscano, de uma série de assassinatos, o filme mostra a vida nos mosteiros, a atuação da Igreja e a relação da sociedade com os livros no período medieval, todos tópicos explanados neste capítulo.

IRMÃO Sol, irmã Lua. Direção: Franco Zeffirelli. Reino Unido/Itália, 1972. 135 min.

No longa, acompanhamos a trajetória de São Francisco (irmão Sol), que adota um modo de vida baseado nos ensinamentos de Jesus Cristo e busca reconstruir, junto com outros jovens, igrejas fundadas nesses ensinamentos; assim como sua amizade com Santa Clara (irmã Lua). Para além da mensagem religiosa, o filme representa a sociedade feudal e sua maneira de pensar o mundo circundante.

ALDEIA. Direção: Geraldo Pioli. Brasil, 2000. 11 min.

O filme apresenta uma tentativa fictícia de catequização de uma tribo guarani poligâmica, por meio do ensino dos 10 mandamentos bíblicos, exemplificando, assim, a problemática dessa postura/proposta que desconsidera a cultura indígena brasileira.

Outra dica para conhecer melhor a Idade Média é visitar, mesmo que virtualmente, o Museu Cluny, de Paris. O Museu Nacional da Idade Média de Paris (Musée National du Moyen-Âge), mais conhecido como *Museu Cluny*, contém uma das coleções de arte e artesanato medieval mais completas do mundo. Ele está instalado em uma mansão medieval situada ao lado das ruínas das termas gaulesas-romanas do século I.

MUSEU CLUNY. Disponível em: <https://www.tudosobreparis.com/museu-cluny>. Acesso em: 27 abr. 2020.

Questões para revisão

1. Sobre o conteúdo apresentado neste capítulo, assinale a alternativa **incorreta**:
   a) Na Baixa Idade Média, a decadência das cidades, que foram progressivamente abandonadas, conduziu ao desaparecimento dos únicos centros de formação e à difusão da cultura do mundo antigo.
   b) A desagregação das administrações públicas e o desaparecimento de toda informação não foram suficientes para interferir na educação das pessoas que viviam nas cidades.
   c) O livro deixou de ser um instrumento de transmissão de cultura para se tornar um símbolo sagrado que o povo devia venerar, e não entender.
   d) A vida intelectual se restringiu aos mosteiros e, mesmo assim, eram poucos os monges que tinham privilégio de saber e poder ler e escrever.

2. Preencha com V (verdadeiro) ou F (falso) as seguintes afirmações:
   ( ) O humanismo e o renascimento foram movimentos significativos para a invenção da imprensa de Gutenberg e o início da comercialização dos livros.
   ( ) Lisboa, Veneza e Paris eram as principais cidades europeias no período denominado *Baixa Idade Média*.
   ( ) As praças e tabernas eram locais onde se realizavam as manifestações de cultura popular da Europa no século XIV.

( ) A Santa Inquisição era o instrumento de censura utilizado pela monarquia europeia para garantir a ordem nos feudos.

( ) A oralidade e a escrita se misturavam nas manifestações populares realizadas na Europa no século XV.

3. Sobre o período da invenção da prensa por Gutenberg, é **incorreto** afirmar:

   a) Houve a emergência de uma nova classe, a de intelectuais, que se formou com a fundação das universidades na Europa, em meados do século XI.

   b) Em torno dos castelos medievais foram se formando pequenas cidades (burgos) onde viviam comerciantes, artesãos e artífices.

   c) Gutenberg era um inventor atento que sabia aplicar os recursos herdados de sua família e, por isso mesmo, logo patenteou sua invenção.

   d) As Cruzadas, ao integrarem culturas e transmitirem informações, criaram um contexto propício a invenções, como a de Gutenberg.

4. Explique a importância das Cruzadas para a expansão dos fluxos de comunicação na Idade Média.

5. Cite três impactos da invenção da prensa de Gutenberg na sociedade medieval.

Questões para reflexão

1. Duas questões são relevantes para refletir sobre o período da história dos meios de comunicação. A primeira delas diz respeito ao papel do livro impresso na sociedade; e a segunda, à necessidade de informação. Para aprofundá-las:

    a) Cite três razões pelas quais o livro impresso é um instrumento de democratização da informação na sociedade. Em seguida, responda: É possível afirmar que, no século XXI, diante das novas tecnologias da informação e da comunicação, sobretudo as digitais, o livro ainda tem essa importância social? Por quê?

    b) Os historiadores atribuem tanto a invenção da escrita como a da imprensa às necessidades econômicas do período do qual cada uma delas advém – contabilidade da produção (no caso da escrita) e ampliação das fronteiras dos negócios (no caso da imprensa mecânica). A quais outras necessidades sociais, além da econômica, a imprensa atende? E, atualmente, qual é a importância da informação na sociedade, ou seja, para que é utilizada?

2. Ao relatar o percurso dos primeiros jornais da história, percebemos uma das características do jornalismo impresso, que é a regularidade da sua produção. Além da periodicidade regular, quais são as outras características do texto jornalístico que o diferem dos demais textos impressos? Os produtos jornalísticos da era digital têm as mesmas características que os de textos de épocas anteriores? Exemplifique.

A imprensa e a era de ouro dos jornais

Conteúdos do capítulo:
- A transformação da informação em mercadoria.
- A empresa jornalística.
- A institucionalização da imprensa.
- A relação entre imprensa e democracia.

Após o estudo deste capítulo, você será capaz de:

1. diferenciar a reprodução mecânica de impressos da instituição imprensa;
2. caracterizar a empresa jornalística e sua relação com o modo capitalista de produção;
3. perceber e compreender o papel da comunicação na democracia moderna.

Ao seguirmos a evolução cronológica da história dos meios de comunicação social, criaremos um paralelo com a história geral e com suas fases mais significativas. Este terceiro capítulo tratará da profissionalização do jornal impresso e de sua articulação com as grandes mudanças sociais, políticas e econômicas resultantes da Revolução Industrial, do Iluminismo e da Revolução Francesa. Tratará, assim, da comunicação que pulsa como o "coração da modernidade", nos dizeres de Wolton (2004). É importante destacar que cada tecnologia criada e rapidamente apropriada pela indústria da comunicação está imbricada no conceito de sociedade gerado por esses movimentos.

Também trataremos aqui do surgimento da imprensa de massa, impulsionada pela invenção de tecnologias como o telégrafo, o telefone e a fotografia, que vêm atender às novas demandas do Estado moderno e sua necessidade inerente de transparência democrática, de livre fluxo de informações e de expressão de ideias e opiniões.

3.1
A informação vira mercadoria na era dos grandes jornais

Uma das metáforas mais emblemáticas do sociólogo Dominique Wolton (2004) é aquela em que ele compara a comunicação ao palito de um algodão-doce: "a comunicação é como o palito que dá forma e sustentação ao doce colorido que faz a alegria das crianças nas festas e parques"[1]. Pois bem, como esse "palito", a comunicação "desenha" a sociedade por meio das informações que transmite e das que "omite", principalmente depois da modernidade. Isso decorre da ênfase que ela dá a alguns fatos em detrimento de outros, do tratamento técnico especializado que dispensa, construindo uma narrativa muitas vezes mais espetacular que verídica. É o mesmo Wolton (2004) que afirma ser a comunicação o coração dessa modernidade e sua trama as principais "chaves" para se entender o século XXI.

A criação dos jornais diários resultou de um conjunto de fatores capitaneados pelo progresso técnico, que alterou o modo de produção de riquezas na sociedade ao mesmo tempo que mudou a consciência do homem sobre si mesmo e o mundo, fazendo-o ter novas necessidades até mesmo para viver coletivamente. Foi todo esse movimento de mudança que levou a comunicação a assumir, cada vez mais, aquele papel de "coração da modernidade".

A linha de raciocínio para entender essa afirmação passa pela compreensão da criação do "espaço público". A sociedade, no final

---

[1] Aqui, trata-se de uma tradução livre de uma ideia da obra *Pensar a comunicação*, e não uma citação de fato.

da Idade Média, abandonou gradativamente o feudo, o que elevou o número de habitantes nas novas cidades. Nelas, cresceram grupos de pessoas que se tornaram cada vez mais independentes em relação ao poder dos reis e da Igreja e que enxergaram na conquista do poder político a alternativa para atender aos seus próprios interesses econômicos e socioculturais. O jornal impresso, então, começou a desempenhar função fundamental nesse processo, divulgando novas ideias e insuflando debates. Nesse contexto, surgiu o "espaço público" não como um lugar físico, mas como uma mentalidade coletiva, materializada nos escritos diários e distribuída a um número crescente de pessoas.

Balle (1994, p. 64) afirma que a imprensa extremamente diversificada e politizada, o surgimento de uma opinião pública e a constitucionalização do Estado foram as principais mudanças que caracterizaram as sociedades europeia e norte-americana no final do século XVII. Desse modo, a comunicação transmudou-se em um instrumento essencial de comunicação política.

Importante!

O chamado *Século das Luzes* alterou a atitude dos cidadãos diante da informação pública, assim como despertou o seu interesse pelas atividades políticas. Vemos surgir, assim, uma imprensa de massa, isto é, aquela destinada a um número indiscriminado de pessoas, no contexto da civilização técnica e da sociedade industrial. Sua expansão deu-se sobre a égide da livre empresa e da concorrência.

Em pouco tempo, os grandes jornais diários assumiram o monopólio sobre a informação pública, e isso permaneceu intacto até a Segunda Guerra Mundial, no século XX (Balle, 1994, p. 64).

Giovannini (1987, p. 144), nesse mesmo sentido, afirma que

> dados e testemunhos confirmam que a mensagem escrita e impressa – antes mesmo que a revolução industrial pudesse trazer consigo os instrumentos tecnológicos da comunicação – exerceu influência determinante ao dar fundamento cultural à transformação social, alimentando as fortes correntes de liberdade e de progresso que [...] mudaram o perfil da velha Europa.

Para ele, tais inovações permitiram a passagem de **uma cultura oral** para uma **cultura da mídia**, imprimindo um ritmo acelerado à evolução da transformação social. Os marcos dessas transformações foram registrados com o surgimento dos primeiros grandes jornais cotidianos nas principais cidades da Europa e dos Estados Unidos. Balle (1994, p. 73) apresenta uma cronologia desses primeiros periódicos, a qual reproduzimos na linha do tempo a seguir.

Figura 3.1 – Linha do tempo da publicação dos primeiros periódicos

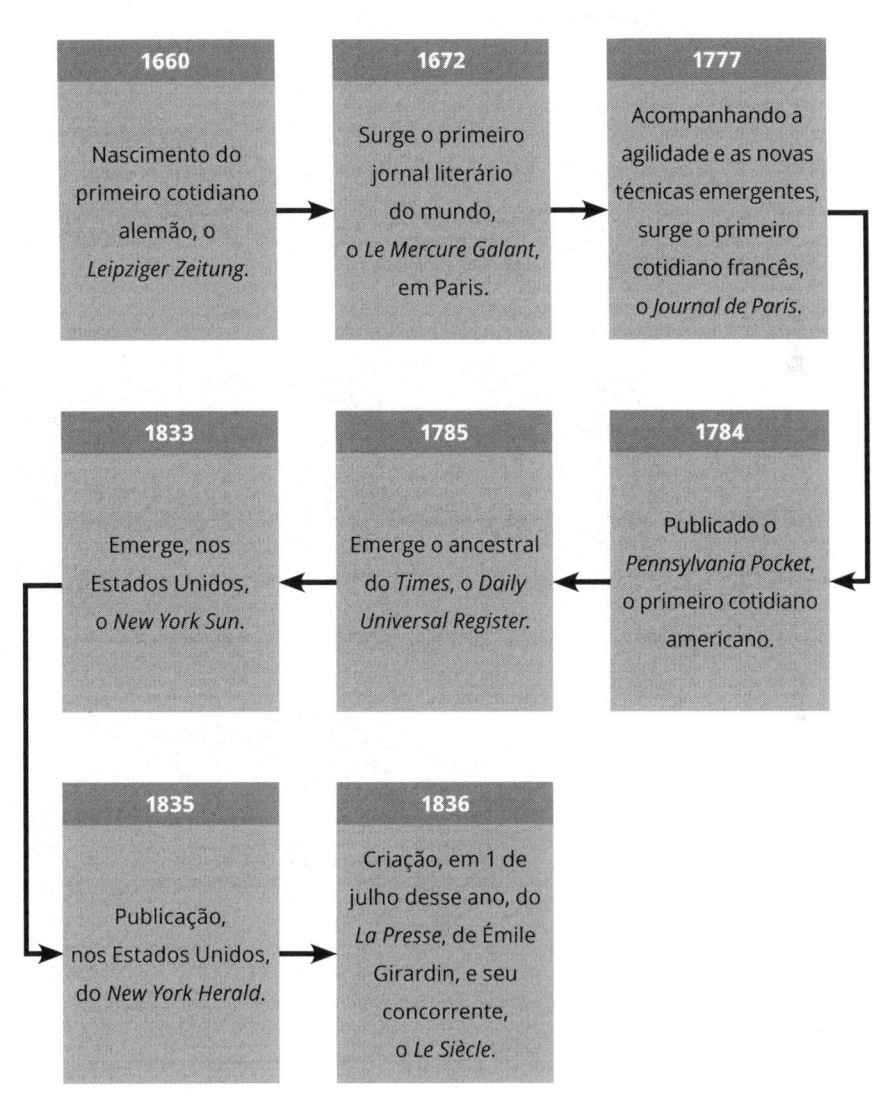

1660
Nascimento do primeiro cotidiano alemão, o *Leipziger Zeitung*.

1672
Surge o primeiro jornal literário do mundo, o *Le Mercure Galant*, em Paris.

1777
Acompanhando a agilidade e as novas técnicas emergentes, surge o primeiro cotidiano francês, o *Journal de Paris*.

1833
Emerge, nos Estados Unidos, o *New York Sun*.

1785
Emerge o ancestral do *Times*, o *Daily Universal Register*.

1784
Publicado o *Pennsylvania Pocket*, o primeiro cotidiano americano.

1835
Publicação, nos Estados Unidos, do *New York Herald*.

1836
Criação, em 1 de julho desse ano, do *La Presse*, de Émile Girardin, e seu concorrente, o *Le Siècle*.

Fonte: Elaborado com base em Balle, 1994.

Esses últimos veículos, vistos na Figura 3.1, marcaram o início do que se chamou de *penny press*: os jornais diários começaram a ser vendidos por apenas um *cent,* ou um *penny*, a fim de conquistar o maior número possível de leitores. Assim, principiou a venda massiva destes já no âmbito do que podemos chamar **grande imprensa**.

∴ A empresa jornalística

A partir do surgimento da grande imprensa, rapidamente foi alcançado o estágio da produção industrial de jornais, que, por sua vez, trouxe mudanças significativas para a produção e a circulação de informações. A informação passou a ser a principal mercadoria desses veículos, que queriam atrair a todo custo o maior número possível de leitores, o que lhes dava maior credibilidade e os fazia vender mais exemplares, fechando assim o ciclo da linha capitalista de produção.

Fique atento!

Com a popularização dos preços dos exemplares, foi necessário criar uma nova fonte de rendimentos para esses jornais. Nasceu, assim, a **publicidade**: espaços pelos quais as empresas comerciais e industriais em franca expansão pagavam para divulgar seus produtos. Quanto maior a credibilidade do jornal, mais público o acessava e mais caro ele poderia cobrar do anunciante em suas páginas. Giovannini (1987, p. 167) aponta que "foi *Il Secolo Gazzetta di Milano* o primeiro jornal cotidiano que, em 1876, inseriu na sua quarta página anúncios econômicos".

A necessidade de uma impressão mais rápida e em maior escala e a inserção de anúncios publicitários exigiram inovações técnicas na indústria jornalística. A litografia e as máquinas rotativas, inventadas no final do século XVIII, atendiam a essas novas necessidades, no entanto, outras criações não paravam de surgir, como a primeira rotativa a vapor, os estereótipos e os clichês. Gontijo (2004, p. 220) explica que "as chapas estereotipadas eram produzidas pela moldagem e fundição de uma folha de metal, que se tornaria a matriz para a reprodução em série de uma página de jornal ou livro".

O processo de produção dos jornais transformara-se profundamente e não apenas do ponto de vista técnico. Assim, a empresa jornalística passou a ter interesses que iam além da difusão cultural e da política ideológica, embora todas essas dimensões estivessem cada vez mais imbricadas. O novo modelo de organização social – fortemente influenciado pelas ideias iluministas e pela Revolução Francesa – preconizava o direito à liberdade de cada indivíduo e à expressão livre de suas ideias. Para atingir o público de massa e não causar rejeição, o jornal tinha, portanto, que parecer o mais "imparcial" possível, ou seja, deveria ser neutro. Conforme menciona Giovannini (1987, p. 167),

> não era mais [unicamente] uma folha de apelos dirigidos para consciências em rápido amadurecimento; não apenas espaço para discussões literárias eruditas reservadas a círculos culturais restritos, mas sim instrumento de divulgação de novos conhecimentos através da notícia que chegava à redação com o auxílio dos novos meios de comunicação.

Com o intuito de transformar a notícia e a informação em mercadoria capaz de gerar lucro, a empresa jornalística mudou suas características e profissionalizou o processo de produção de notícias, da captação à sua divulgação. Com isso, surgiram as agências de notícias, empresas especializadas em captar e produzir informações que pudessem ser comercializadas para jornais de todo o mundo graças às novas ferramentas de comunicação a longa distância, como o telégrafo e o telefone.

Com isso, o trabalho interno nos grandes jornais foi reorganizado e dividido como em uma linha de produção. Surgiram também os departamentos comerciais, responsáveis pela venda dos espaços para publicidade, que garantia a captação de recursos para fomentar ainda mais a compra de novos equipamentos e a contratação de mão de obra gradativamente mais especializada.

Além dessas mudanças de ordem administrativa e econômica, a produção dos jornais nas grandes empresas também trouxe consigo alterações conceituais. O próprio conceito de jornalismo mudou[2]. Segundo Ciro Marcondes Filho (2009, p. 266),

> a ideologia do iluminismo atribuía ao jornalismo o caráter de informar, de tornar os indivíduos conhecedores dos fatos e do mundo, em suma, de trazer os acontecimentos da esfera pública em todos os níveis para a casa das pessoas.

---

2   Somente no século XXI as tecnologias de informação e de comunicação trouxeram novamente à pauta a discussão sobre o que é jornalismo, uma vez que, por meio das redes de comunicação digitais, todo mundo pode produzir e divulgar informações. Esse tema será abordado no último capítulo deste livro.

Para fazê-lo, deveria se separar do estilo literário e surge assim a linguagem jornalística, com princípios e características próprias e regras a serem seguidas. Imparcialidade e objetividade são duas delas.

O texto jornalístico deveria, nesse sentido, narrar os fatos sem se ater ou se posicionar sobre eles, ou seja, ser imparcial, e, para isso, deveria ouvir sempre os dois lados de um fato conflitante. Numa greve de trabalhadores, por exemplo, deveria ouvir as reivindicações dos queixosos e também a posição dos empresários, seus patrões. O texto jornalístico deveria ser igualmente objetivo, narrar os fatos utilizando recursos e termos precisos, deixando de lado adjetivos e termos que pudessem remeter a qualquer juízo de valor.

A notícia era também instantânea, pois o jornal era publicado todo dia, e uma notícia velha "serve apenas para embrulhar peixes", como mencionado por uma campanha do Sindicato dos Jornalistas do Paraná nos anos 1990. Essas novas ideias revelam as transformações essenciais que configuraram o surgimento da imprensa na qualidade de instituição do Estado moderno.

Mas voltemos à metáfora do algodão-doce de Wolton. A partir do momento em que grandes empresas publicaram jornais diários nos principais centros urbanos do mundo, ficou disseminada a ideia de que passara a existir uma vigilância permanente e universal. Era como se a imprensa, com seus profissionais e grandes jornais, estivesse a postos para anunciar, a qualquer momento, um fato ou acontecimento que fugisse à ordem estabelecida[3]. E de fato estava, pois buscava, sobretudo, "furos" de reportagem para vencer os concorrentes. Nesse contexto, os desenvolvimentos tecnológicos do século XVIII e XIX endossaram esse novo papel ao ofertarem a comunicação mediada pela tecnologia, seja pelo telégrafo, seja pelo telefone.

Outra causa das alterações aqui elencadas foi a organização dos países no espaço geográfico. As estradas e as vias marítimas e fluviais propiciaram maior contato com outros povos e culturas. Desse modo, os jornais passaram a permitir conexões que encurtaram distâncias e possibilitaram negociações e transações diversas.

A profissionalização do jornalista é outro ponto que merece destaque nesse panorama, visto que, para ingressar nessa nova grande empresa, ele deveria aprender a escrever o texto segundo as regras vigentes, apropriando-se dos princípios jornalísticos. Criou-se, nesse ponto, a técnica do *lead*, segundo a qual toda notícia deve ser iniciada pela principal informação a ser transmitida, respondendo a seis questões: *o que, quem, quando, onde, como* e, na sua continuação, *por quê*.

Segundo os manuais de jornalismo, o *lead* tinha a função prática de facilitar a diagramação do jornal, a essa altura da história uma arte já complexa e cheia de "cálculos". Se na finalização da produção do jornal diário fosse preciso cortar parte de um texto,

---

3   No século XX, a televisão assumiu esse papel, anunciando, por meio de seus plantões, qualquer notícia extraordinária, fato que faz Leblanc (1987) afirmar que o mundo está em permanente suspense. O jornal impresso, no seu tempo e com as condições técnicas disponíveis, foi o primeiro meio de comunicação a cumprir essa função, no século XVIII.

convencionou-se cortar os últimos parágrafos que se seguissem à regra do *lead,* os quais conteriam as informações complementares, e não as essenciais. O principal estaria, assim, garantido no começo do texto. A essa metodologia deu-se o nome de *pirâmide invertida*: 3 Q+COP (que, quem, quando + como, onde e por quê).

Curiosidade

Durante muitos anos na história do jornalismo, reconhecer o *lead* de uma notícia, ter sensibilidade e *feeling* para isso, era uma característica fundamental para o profissional da área. Observamos, com isso, que muito se avançou desde a época dos "caçadores de escândalos" nos castelos medievais, como narrado no capítulo anterior.

O fato é que, a partir do século XIX, a atividade jornalística passou a ser exercida nos moldes da indústria capitalista de produção: divisão e especialização do trabalho, produção em série, informação como mercadoria que tem um valor de mercado atrelado ao seu conteúdo e à credibilidade do veículo no qual circula. Utilizando esse modo de produção, foram fundados os grandes grupos mundiais de comunicação, que culminaram, no século XIX, no que se consagrou como o "período de ouro dos jornais impressos".

∴ A era de ouro dos grandes jornais

Balle (1994, p. 66) aponta que os anos de 1890 a 1920 representaram uma "era de ouro" para os grandes jornais. O hábito de consumir informação diariamente, com uma diagramação familiar e um estilo de texto direto e objetivo, diferente da literatura ficcional, já estava consolidado. As tiragens dos grandes jornais atingiram cifras que mostraram a sua popularidade: o *New York Herald*, por exemplo, passou de 40 mil exemplares ao ser criado para 100.000 em 15 meses. O segredo desse sucesso, segundo o autor, deveu-se ao fato de tal jornal "ser sempre o primeiro a dar as últimas" (Balle, 1994, p. 66).

Na Inglaterra, em 1879, o *Daily Telegraph* alcançou uma circulação de 240 mil exemplares por dia, a maior tiragem do mundo naquela época (De Balle, 1994). Gontijo (2004, p. 224) afirma que o Japão é o fenômeno mais surpreendente dentre os jornais de elite do mundo, pois o diário *Asahi Shimbun* (Jornal do Sol Nascente), por exemplo, chegou a ter 12 milhões de cópias por dia em 28 edições (18 pela manhã e 10 à noite).

A autora analisa ainda que, apesar desses jornais adotarem uma linha editorial voltada a prover e a interpretar as notícias seriamente para políticos e pessoas mais influentes, os que mais prosperaram nesse período de ouro foram os populares. Um dos primeiros a adotar o estilo popular foi o *New York Sun*, em 1833. Ao contratar o jornalista inglês George Wisner, ele levou à América sua bem-sucedida experiência de escrever para a massa de trabalhadores (Gontijo, 2004, p. 224).

O desenvolvimento de algumas técnicas mecânicas, aliadas ao aperfeiçoamento de tintas para a impressão, também contribuíram para esse apogeu do jornal impresso, conforme podemos notar na leitura da Figura 3.2.

A imprensa e a era de ouro dos jornais

Figura 3.2 – Evolução e adoção de técnicas pelos jornais

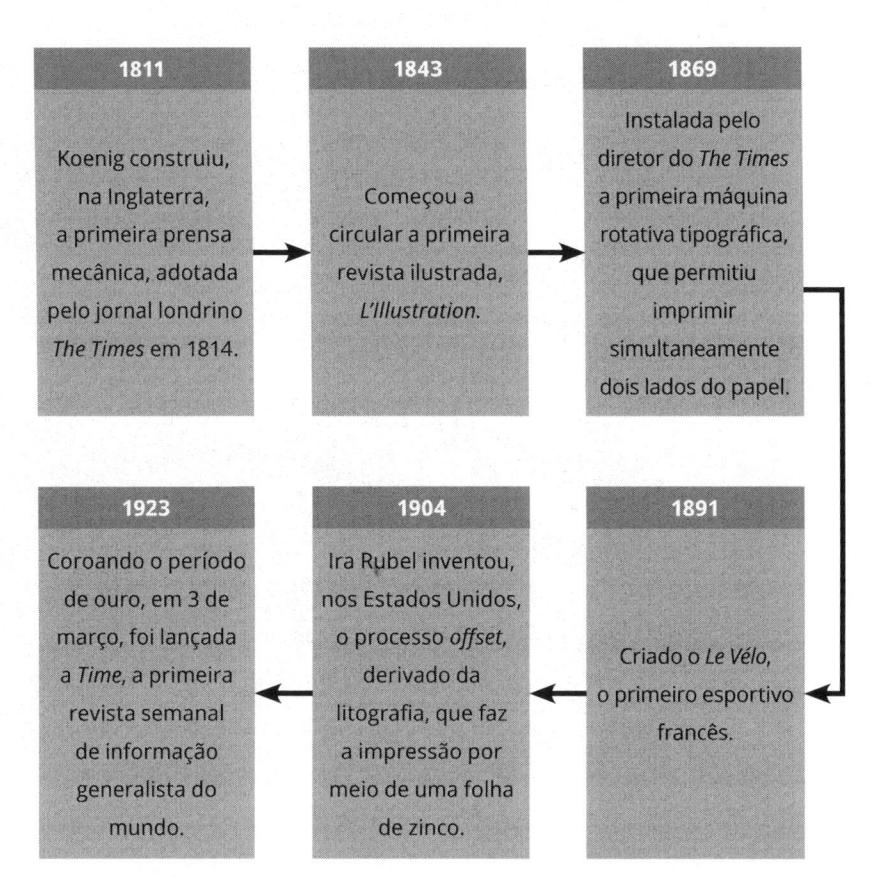

1811	1843	1869
Koenig construiu, na Inglaterra, a primeira prensa mecânica, adotada pelo jornal londrino *The Times* em 1814.	Começou a circular a primeira revista ilustrada, *L'Illustration*.	Instalada pelo diretor do *The Times* a primeira máquina rotativa tipográfica, que permitiu imprimir simultaneamente dois lados do papel.

1923	1904	1891
Coroando o período de ouro, em 3 de março, foi lançada a *Time*, a primeira revista semanal de informação generalista do mundo.	Ira Rubel inventou, nos Estados Unidos, o processo *offset*, derivado da litografia, que faz a impressão por meio de uma folha de zinco.	Criado o *Le Vélo*, o primeiro esportivo francês.

Gradualmente, a aquisição das novas tecnologias de impressão foi feita por todos os jornais, como comprova Giovannini (1987, p. 179) ao relatar que, "a partir de 1900, quase todos os jornais mais importantes já usavam a nova máquina de composição (linotipo)". Segundo ele, a linotipo representou, até 1960, mesmo nos países dotados de uma tecnologia de vanguarda, uma espécie de símbolo com o qual se costumava identificar as fases mais intensas e febris na elaboração do jornal.

A partir daí, entrou em cena uma nova revolução que transformou a linotipo em peça de exposição histórica: a chegada dos computadores. Mas antes deles a história da comunicação foi marcada pela criação dos meios audiovisuais, como explanaremos nos dois próximos capítulos.

3.2
A imprensa no Brasil

No Brasil, o "período de ouro" dos grandes jornais coincidiu com grandes mudanças na organização política nacional. O primeiro marco foi a vinda da família real portuguesa para o país e, com ela, a necessidade de manter informados todos os que deixaram alguma raiz em Portugal. Isso obrigou a instalação rápida da primeira tipografia no Brasil e a fundação de jornais e periódicos.

Usando uma metáfora de C.S. Lewis, Gontijo (2004, p. 277) aponta que "naquele momento o Brasil não passava por fases como um trem passa por estações: o país saltava de um carro de bois para uma locomotiva a vapor depois de uma curta trajetória". Assim, continua a autora relatando que o primeiro jornal impresso editado em solo brasileiro foi um porta-voz da corte. Foi no dia 10 de setembro de 1808 – portanto, três meses depois da chegada da família real ao Rio de Janeiro – que o primeiro número da *Gazeta do Rio de Janeiro* foi publicado (Barbosa, 2013, p. 38). Três meses antes, de Londres, para onde havia fugido das perseguições políticas na Colônia, Hipólito da Costa lançou o primeiro número do seu *Correio Braziliense*. Isso, conforme analisa Gontijo (2004, p. 278), mostra que a imprensa brasileira já nasceu dividida "entre o oficial e o particular, entre a liberdade de expressão e a censura, entre o público e o privado".

Entretanto, as condições materiais da imprensa "clandestina", ainda que artesanal, eram muito precárias. Algumas experiências de impressão até foram realizadas, mas resultaram de iniciativas individuais de religiosos ou empresários abonados interessados na arte de imprimir. Sodré (2011) diz que, com a abertura dos portos, cresceu o número de impressos entrando clandestinamente no país, o que obrigou o absolutismo luso a se defender. Com isso, a censura continuou a funcionar de forma ainda mais intensa e precisa.

As autoridades tentavam coibir a liberdade e recomendavam ao Desembargo do Paço – órgão responsável pela censura – urgência nos despachos. A justificativa dada mencionava ser "indispensável nas atuais circunstâncias franquear-se a imprensa, para que se facilite a leitura de papéis que possam dirigir a opinião pública" (Sodré, 2011, p. 71).

Fique atento!

A história da comunicação no Brasil evidencia que se tentou coibir, desde os tempos mais remotos, a liberdade de expressão, que, fluida, sempre encontrou alternativas para se manifestar. Com a chegada dos portugueses ao Rio de Janeiro, o país passou de Colônia Portuguesa a Império e, finalmente, à República, marcos políticos retratados e, de certa forma, conduzidos por essa imprensa que, ainda precária, foi aos poucos construindo e consolidando sua identidade.

Gontijo (2004) relata que, quando se instalou a Imprensa Régia no Brasil, criou-se uma junta administrativa para dirigi-la. Foi também montado um aparato de controle da informação que durou até a independência. Depois disso, a então denominada *Typografia Real* passou a ser chefiada por uma das pessoas mais liberais e democráticas de seu tempo, mas mesmo assim nenhum jornal oposicionista foi impresso ali. Com isso, afirma a autora: "independentemente da época, nossa história mostra que a liberdade de expressão foi um bem transitório e de vida efêmera no Brasil" (Gontijo, 2004, p. 281).

No período que se sucedeu à Independência do Brasil, vários jornais foram criados, como o já mencionado *Correio Braziliense* ou *Armazém Literário*, de Hipólito da Costa, em 1822. Um ano mais tarde, surgiram *O Espelho*, de Manuel de Araújo, no qual D. Pedro publicou seus primeiros artigos oposicionistas, e o *Sentinela da Liberdade à Beira Mar da Praia Grande*, do italiano Joseph Sthephano Grondona.

Mais do que apresentar aqui a história dos jornais no Brasil, que não é objeto deste livro, cabe apontarmos de que forma a sociedade brasileira se inseriu, nesse período, na história da comunicação. Nesse sentido, Gontijo (2004) analisa que os jornais tinham um caráter panfletário e usavam suas páginas para defender as posições de seus proprietários em detrimento das notícias dos fatos. Não havia em solo nacional, como na Europa dessa mesma época, uma consciência de espaço público nem um debate político estabelecido. Também não havia, por parte dos proprietários de jornal, uma mentalidade empresarial ou uma preocupação com questões como isenção e jornalismo investigativo (Gontijo, 2004, p. 287).

De qualquer modo, as mudanças políticas e culturais pelas quais passou o país após a independência fizeram surgir, segundo Barbosa (2013, p. 80), "o jornalista ou panfletário, chamado de redator ou gazeteiro". Em um primeiro momento, tratava-se de padres, magistrados, juízes, professores, oficiais do exército, sendo substituídos, em seguida, por políticos que ocupavam postos como deputados, "denotando a importância de se ter um periódico como arena política para se ascender politicamente" (Barbosa, 2013, p. 81).

Sodré (2011, p. 236) complementa a análise da imprensa desse período, relatando o surgimento de muitos jornais denominados *pasquins*: "A aparição desses periódicos veementes, insultuosos, lembrando represálias, excitando o patriotismo e tratando de aumentar o ardor, a luta dos partidos, luta que mui breve devia trazer grande mudança política do país". Ainda de acordo com o autor,

> Esses pasquins apresentavam feições diversas, tais como: uns permaneceram no campo doutrinário, imitando as folhas estáveis do tempo e discutindo os problemas em voga, os políticos evidentemente, pois o noticiário era praticamente nulo, mas discutindo-os de pontos de vista mais do que partidários, porque personalíssimos e, por vezes, extremadíssimos, consideradas as condições da época, tornando-se verdadeiros órgãos de xingamento, destinados a expor ao ridículo ou a atemorizar personagens do outro lado. (Sodré, 2011, p. 249)

Para o autor, a tendência personalista aparecia no próprio título do pasquim: *O Andradista*, *O Evaristo*, entre outros. Barbosa (2013,

p. 88) analisa essa explosão de pasquins entre os anos de 1830 a 1840, afirmando que "a relação dos periódicos e as parcas informações que chegaram sob a forma de restos duradouros dão a nítida sensação de que se estava, naquele momento, experimentando uma nova forma de comunicar".

Ao teor político panfletário do jornalismo brasileiro de meados do século XIX, seguiu-se um jornalismo com fortes características literárias, no qual os textos normalmente eram pedantes e pouco objetivos. Além disso, eram dispostos em uma diagramação confusa, como aponta Gontijo (2004, p. 287). Acerca disso, escreve a autora:

> Lado a lado, estavam um soneto dedicado ao diretor ou redator principal, com o indefectível artigo de fundo, e o célebre e popularíssimo folhetim, com anúncios e notícias. Estas eram encabeçadas por títulos curtos, mas seu conteúdo era superficial e entediante, sem subtítulos e leads, e desconheciam a forma de manchete já tão usada nos jornais americanos.

Curiosidade

Vários autores sobreviveram e se tornaram conhecidos publicando seus romances como folhetim em capítulos. Dentre eles destacamos Raul Pompeia, Joaquim Manuel de Macedo e o aclamado Machado de Assis.

Gontijo (2004, p. 299) afirma também que a falta de objetividade e o rebuscamento encontrados no texto jornalístico se estendiam aos anúncios, que, "no início, vendiam os serviços de barbeiro fazendo uma ode ao profissional em questão sem nenhum pudor de parecer cabotino".

Algumas dessas características identificadas no século XIX permaneceram na imprensa e, posteriormente, nas emissoras de rádio e televisão do século XX, conforme apresentaremos nos próximos capítulos. O personalismo presente nestes jornais prolongou-se e teve como herdeiros nomes como os proprietários dos grandes jornais brasileiros, *O Estado de S. Paulo* e *O Globo*, por exemplo. Entre os nomes temos Assis Chateaubriand, Roberto Marinho e Sílvio Santos, proprietários dos principais e mais influentes veículos de comunicação nacionais do novo século.

Finalmente, há que se destacar que, no tocante à imprensa escrita, desde o seu surgimento no Brasil, ainda que em alguns momentos mais popular e revolucionária, ela sempre foi restrita a um pequeno grupo social, urbano e alfabetizado. Assim, a grande massa só passou a ter acesso às informações a partir do advento do rádio e da televisão em meados do século XX.

Segundo Gontijo (2004), com a mudança de século, os jornais e revistas brasileiros transmutaram-se, deixando de ser frutos do voluntarismo individual e convertendo-se em empresas cujos produtos agora têm a opinião do público como balizador.

O século XX chegava com a euforia futurista da revolução tecnológica. Os jornais começavam a se transformar em empresas e a adotar o telefone e o telégrafo como ferramentas do seu cotidiano. Através dos fios, os escritórios de correspondentes que se instalavam nas diferentes regiões do país podiam se comunicar com a redação central. Os jornais ganhavam em atualidade e integração com pontos remotos e de difícil acesso. (Gontijo, 2004, p. 304)

Nesse período, surgiram jornais que desempenhariam, no século XX, um relevante papel social na vida brasileira, como: o *Jornal do Brasil* e o *Correio da Manhã*; o *A Noite* (que antecedeu *O Globo*, de propriedade da família Marinho); *O Jornal*, de Assis Chateaubriand; e *O Estado de S. Paulo*, da família Mesquita.

Todos eles, a exemplo do que já se fazia na Europa, incorporaram à atividade jornalística as novidades tecnológicas que não paravam de emergir, sendo as principais o telégrafo, o telefone e a fotografia.

3.3
As novas invenções: telégrafo, telefone e fotografia

Duas invenções dos séculos XVIII e XIX, aliadas às mudanças sociais anteriormente descritas, determinaram sobremaneira o desenvolvimento dos meios de comunicação de massa a partir de então. Invenções que, pela primeira vez, permitiram ao homem a comunicação a distância em dois sentidos simultaneamente: o telégrafo, criado por Claude Chappe, em 1790; e o telefone, criado por Graham Bell, em 1876.

Balle (1994) afirma que a invenção do telégrafo aponta para a sociedade do futuro. Graças a ele, pela primeira vez foi possível transmitir, através de um aparato tecnológico, uma mensagem de Lille a Paris, em 1794. Entretanto, como explicamos antes, há sempre um período entre a invenção propriamente dita e seu uso social. No caso do telégrafo, foi apenas em 1837 que o americano Samuel Morse inaugurou o telégrafo elétrico, o qual foi utilizado pelas empresas jornalísticas que nasciam naquele período para transmitir informações financeiras.

Em menos de cinquenta anos – o que evidencia que o espaço entre uma invenção e outra se tornara cada vez mais curto – foram feitos diversos experimentos que culminaram na utilização comercial do telégrafo tanto na Europa como nos Estados Unidos. A partir de 1840, uma rede de telégrafos já era utilizada pelas agências de notícias que começaram a surgir nos dois continentes.

O sucesso do telégrafo despertou o interesse pela descoberta de um novo meio de comunicação, capaz de enviar via fio telegráfico sons que pudessem ser compreendidos em um outro ponto distante. Em 1876, Graham Bell conseguiu tal feito: fez uma primeira transmissão utilizando o novo aparelho. Bell depositou seu *brevet* de invenção às 12 horas, e às 14 horas Elisha Gray depositou o seu, referente ao aparelho que havia criado e que também era capaz de transmitir a voz humana. Um ano depois, já existiam 209 telefones nos Estados Unidos, número que cresceu para 150 mil na década seguinte. Já a partir dos anos de 1880 começaram a ser instaladas linhas de grande distância.

As duas invenções, o telégrafo e o telefone, logo chegaram ao Brasil. Gontijo (2004, p. 331) aponta que, em 1852, o engenheiro e físico brasileiro Guilherme Schüch, o Barão de Capanema, inaugurou a primeira linha telegráfica, ligando a Quinta da Boa Vista, em São Cristóvão, ao quartel da polícia, na atual Rua Evaristo da Veiga. Os primeiros telegramas, segundo a autora, foram trocados entre Dom Pedro II, o ministro da Justiça (Eusébio Matoso Câmara) e o Barão de Capanema. Foi também Dom Pedro II quem trouxe o telefone para o Brasil, em 1876, deixando a modernização tecnológica como marca do segundo Império.

Para a história da comunicação, as invenções do telégrafo e do telefone representaram mudanças profundas em relação à compreensão da distância e do tempo para a sociedade. As informações passaram a ser transmitidas praticamente na hora em que os fatos ocorriam, acelerando os ritmos dos negócios que, por sua vez, cada vez mais ampliavam suas fronteiras.

Importante!

Graças a essas tecnologias, as empresas de comunicação, na época jornais e agências de notícias, acirraram sua concorrência: quanto mais investiam nessas novas tecnologias, mais rápido chegavam às notícias e aos tão procurados "furos de reportagem". Toda a vida social ganhou um novo ritmo, o que acabou modificando as relações sociais, econômicas e políticas.

Outras invenções somaram-se a esse cenário e foram determinantes para a história da comunicação no século XX. Uma delas foi o fonógrafo, um aparelho capaz de gravar a voz humana, resultado de pesquisas empreendidas por Thomas Edison e pelos primos Graham e Chichester Bell. Edison patenteou o fonógrafo em 1878, e apenas um ano depois a novidade já era exibida experimentalmente no Brasil.

Outra invenção logo incorporada à atividade jornalística no século XIX foi a fotografia, prenúncio dos meios audiovisuais que surgiriam no século seguinte. Como já foi narrado aqui, a imagem, por meio do desenho, foi um dos primeiros registros da vida humana. À medida que a sociedade foi se desenvolvendo, desenvolveram-se também outras formas de produzir imagens que retratassem seu dia a dia, seus sentimentos. Das pinturas rupestres às primeiras pinturas, à arte dos vitrais e dos mosaicos. Enfim, há uma gama de registros visuais no decorrer da história do homem.

Porém, foram os avanços científicos alcançados a partir do século XVI que propiciaram a invenção da fotografia, cujo registro de imagem é o que mais se aproxima daquele feito pela retina humana. Vários físicos e químicos tentaram fixar a imagem capturada por meio da luz e reproduzi-la. A respeito disso, Gontijo (2004, p. 375) relata que, em 19 de agosto de 1839, o francês François Arago fez uma demonstração pública da técnica desenvolvida por Daguerre. A partir daí, os equipamentos de fotografia tornaram-se objeto de desejo e símbolo de *status*, pois a "ideia de que qualquer um poderia produzir imagens e reproduzi-las de forma idêntica transformou cada um que possuísse uma câmera em artista e repórter do seu mundo" (Gontijo, 2004, p. 375).

A fotografia é resultado de um conjunto de técnicas que visam à captação da imagem, obtida através da câmera escura inventada por Leonardo da Vinci, a qual era constituída por um produto sensível à luz para fazer o registro e um papel capaz de fixá-lo. Do ponto de vista comunicacional, uma foto traz consigo a força testemunhal do fato – "não há como questionar uma imagem" – em um momento no qual a sociedade valorizava e ansiava por informações sobre os principais acontecimentos do mundo.

Alertamos, nesse ponto, que essa força testemunhal deve ser relativizada, uma vez que a maneira de olhar é que determina a coisa vista, ou seja, o ângulo de captação da imagem, o recorte que se faz da cena ou até mesmo interferências técnicas, tanto na fotografia como, posteriormente, na imagem em movimento, podem modificar e muito a realidade, supostamente captada como ela é.

Curiosidade

A fotografia é também uma primeira janela para o mundo exterior. Lumière, por exemplo, responsável pela invenção do filme fotográfico, pagou um de seus funcionários para viajar o mundo e fazer fotografias do que via. Essas fotos tiradas a pedido de Lumière estão expostas no Museu Lumière, na cidade de Lyon, na França.

No Brasil, a novidade das fotos não tardou a chegar, sendo assim anunciada pelo *Jornal do Commercio*, publicado em 17 de janeiro de 1840: "Finalmente o daguerreotipo passou para cá os mares" (Barbosa, 2013, p. 181). Em poucos anos, segundo Koutsoukos (citado por Barbosa, 2013, p. 181), "havia nas maiores cidades do país uma quantidade significativa de fotógrafos (na sua maioria estrangeiros), que passa a eternizar pessoas de qualquer grupo da sociedade nas fotos posadas em cenários especialmente montados nesses ateliês".

A fotografia tornou-se, assim, um novo meio de comunicação social à medida que retratava/registrava o modo de vida das pessoas, os principais acontecimentos de seus cotidianos e suas expressões. Para ser incorporada ao jornalismo, necessitou que fossem desenvolvidos papéis e tintas adequados à impressão, o que não tardou a acontecer, possibilitando a criação dos magazines ilustrados, outro produto jornalístico popularizado a partir do final do século XIX. A descoberta da fotografia incentivou ainda o avanço das pesquisas para o registro da imagem em movimento, que originou o cinema e, posteriormente, a transmissão de imagens, culminando, assim, na televisão.

3.4
As revistas ilustradas

"Um supermercado da informação e da cultura de massa" – assim que Balle (1994, p. 67, tradução nossa) define os magazines ilustrados. Na verdade, as grandes revistas ilustradas consagradas na Europa e nos Estados Unidos, nos anos de 1930 a 1950, decorrem dos avanços tecnológicos enumerados no presente capítulo e compreendem a evolução das técnicas de impressão e da fotografia.

O fato é que tais revistas funcionaram como uma primeira vitrine de imagens, comportamentos e produtos de uma sociedade capitalista gradativamente mais conectada. Tratando de assuntos diversos, essas revistas tencionavam atingir um vasto público, eclético, moderno, propenso ao consumo dos bens que a indústria continuamente lançava no mercado. Títulos como a francesa *Marie Claire* ou a *Life*, nos Estados Unidos, viraram verdadeiras instituições, tomando para si o exemplo de mulher sintonizada com seu tempo.

Mais do que textos, a particularidade central dessas revistas era justamente o papel dedicado à imagem, funcionando como um prenúncio do que faria a televisão nos anos seguintes. Imagine, leitor, o impacto da chegada de uma revista com imagens de centros desenvolvidos, como Paris ou Nova Iorque, em cidades de países latino-americanos ou africanos! Balle (1994, p. 67) analisa que esses magazines suscitaram o aparecimento de um novo jornalismo, no qual o texto dava apoio à imagem, e não o contrário, como era habitual. Temos, portanto, nesse cenário, imagens e textos articulados em uma publicidade cada vez mais profissional, com linguagem própria e persuasiva.

As revistas ilustradas traziam imagens de um mundo desenvolvido e moderno ao qual todos queriam ter acesso. Ao mesmo tempo em que preparavam a sociedade para o consumo necessário à nova fase capitalista de produção, tornavam-se um exemplo de um mundo progressivamente mais interligado e interdependente. A respeito disso, Barbosa (2013, p. 209) aponta que

Nas revistas que materializaram para o futuro a imagem dos anos de 1920 observamos em diversas cidades do país um mundo que mistura hábitos abastados e burgueses dos que frequentavam bailes, almoços e banquetes, ou que desfilavam nos automóveis que tomavam conta das ruas e avenidas, causando também um número interminável de acidentes, com o de outros grupos sociais que ficavam distantes daquela atmosfera de modernização.

O uso da fotografia também ofereceu ao homem comum, como frisamos outrora, a possibilidade de ter contato com as imagens de fatos do seu cotidiano e de outras partes do mundo. A chegada da *Time*, em 1923, caracterizou o período de ouro desses veículos de comunicação, que só começaram a perder prestígio nos anos de 1970, quando a televisão conquistou o seu apogeu.

No Brasil, faziam sucesso as revistas *O Cruzeiro, Fatos e Fotos, Manchete* e *Cláudia*, esta última destinada ao público feminino. A partir dos anos de 1960, a Editora Abril impulsionou a venda de revistas no país e diversos outros títulos foram lançados. Nos anos seguintes, as revistas *Veja* e *Isto é* disputaram o mercado com semanários impressos dos principais acontecimentos do mundo. Todos esses títulos perderam prestígio e assinantes na primeira década do século XXI, quando os informativos digitais e as redes sociais conquistaram a supremacia dos veículos de informação no Brasil e no mundo.

Fique atento!

Na história da comunicação, as revistas ilustradas representam a passagem de uma cultura escrita para uma cultura visual na qual a mensagem articula-se crescentemente aos hábitos de consumo de um mundo que precisa se globalizar na mesma medida.

Finalmente, é importante ressaltar aqui que tal período de grandes invenções técnicas, possibilitadas pela abertura do homem à ciência e a um novo mundo de descobertas, está diretamente relacionado às mudanças sociais, políticas e do próprio desenvolvimento humano. A técnica é resultado desse complexo conjunto de transformações, as quais se articulam nas dimensões antropológica, econômica e social, que permeiam toda a história da comunicação.

Se, por um lado, aquela impulsiona novas mudanças e impõe novo ritmo ao progresso, por outro, é resultado de um novo homem cada vez mais autônomo, investigador e empreendedor, bem como de uma sociedade que já caminha a passos largos para o que se chamará mais tarde *globalização*.

Síntese

Ideia central: A informação virou mercadoria e passou a ser produzida mediante a divisão de trabalho na empresa jornalística, que, para atingir maior público, criou princípios e regras para a redação do texto jornalístico, como imparcialidade, objetividade, *lead* e pirâmide invertida. A imprensa nasceu, então, como uma instituição social que, por meio da informação, garante a transparência democrática.

A empresa jornalística e o período de ouro dos jornais

Período: Segunda metade do século XIX e início do século XX (em especial os anos de 1890 a 1920).

Contexto social: Crescimento do sistema capitalista de produção, divisão do trabalho, urbanismo, Iluminismo e ideais da Revolução Francesa (igualdade, fraternidade e liberdade).

Principais meios de comunicação: Jornais impressos cotidianos.

Materiais utilizados: Impressão mecânica, mais ágil e de melhor qualidade.

Uso social dos meios de comunicação: Os jornais cotidianos espalharam ideais democráticos e abasteceram comerciantes e homens de negócios com informações sobre produtos e preços de várias partes do mundo. Graças à consolidação desses fluxos de comunicação, a economia mundial tornou-se mais interligada.

Novas tecnologias: O telégrafo (1790) e o telefone (1876) impulsionaram o desenvolvimento da empresa jornalística. A fotografia, inventada na primeira metade do século XIX, foi incorporada à produção jornalística a partir do século XX, mudando a forma como a sociedade percebia a realidade.

Para saber mais

Com o surgimento da imprensa, as referências sobre a história da comunicação multiplicam-se e diversificam-se. Vários autores abordam tal tema a partir da história da imprensa ou, mais especificamente, do jornalismo na condição de atividade profissional e social.

O enfoque desta narrativa, deste livro, é mais abrangente e centrado na história da comunicação, entendida no seu conceito mais amplo, o que não nos impede de indicar materiais que tratam o assunto de forma mais específica.

Desse ponto de vista mais amplo, as obras a seguir retratam o período de criação da imprensa:

STEPHENS, M. **História das comunicações**: do tantã ao satélite. Tradução de Elena Gaidano. Rio de Janeiro: Civilização Brasileira, 1993.

O livro narra o cenário da criação da imprensa desde as notícias faladas até a mídia eletrônica, dando maior ênfase ao momento da criação da empresa jornalística e do surgimento da necessidade da notícia.

BRIGGS, A.; BURKE, P. **Uma história social da mídia**: de Gutenberg à internet. Tradução de Maria Carmelita Pádua Dias. Rio de Janeiro: J. Zahar, 2004.

O livro focaliza o uso social dos meios – a imprensa em especial – a partir do século XV, relacionando os meios e a evolução sociocultural da sociedade em tal contexto.

BARBOSA, M. C. **História da comunicação no Brasil**. Petrópolis: Vozes, 2013.

A autora, ao tratar da história da comunicação brasileira a partir do século XVIII, tece um amplo cenário das formas de comunicação nacionais, incluindo a força da oralidade e das principais influências externas.

Além desses livros "mais gerais" sobre a história dos meios, algumas obras biográficas ajudam a entender a importância da imprensa e do jornal impresso no Brasil e no mundo. Indicamos aqui a obra de Fernando Morais, sobre Assis Chateaubriand. Ao final deste livro, indicaremos outras igualmente interessantes, como as dos jornalistas David Nasser, Samuel Wainer e Otávio Frias Filho.

MORAIS, F. **Chatô, o rei do Brasil**. São Paulo: Companhia das Letras, 1994.

Esse é um livro essencial para quem quer entender a trama da comunicação no cenário brasileiro de meados do século XX. Nele, as características da empresa jornalística se articulam com a história política, social e cultural do país, revelando as peculiaridades do jornalismo "tupiniquim".

Finalmente, os volumes de Nelson Traquina abordam a teoria do jornalismo, explicando, como diz no seu subtítulo, "porque as notícias são como são".

TRAQUINA, N. **Teorias do jornalismo**: porque as notícias são como são. Florianópolis: Insular, 2004. v. I.

TRAQUINA, N. **Teorias do jornalismo**: a tribo jornalística – uma comunidade interpretativa transnacional. Florianópolis: Insular, 2005. v. II.

Além dos livros, alguns filmes trazem à tona o papel dos veículos impressos na sociedade, como:

THE POST. Direção: Steven Spielberg. EUA, 2018. 117 min.

Nesse longa, acompanhamos a luta e a investigação arriscada dos editores Katharine e Ben para trazer à tona os segredos governamentais de quatro presidentes dos Estados Unidos.

NOS BASTIDORES da notícia. Direção: James L. Brooks. EUA, 1987. 127 min.

Trata-se de uma sátira ao telejornalismo americano com base em três figuras, a saber: William Hurt, Albert Brooks e Holly Hunter.

MUITO além do cidadão Kane. Direção: Simon Hartog. Reino Unido, 1993. 93 min.

Esse documentário tece uma análise da figura de Roberto Marinho e das relações estabelecidas entre mídia e poder em nosso país.

O QUARTO poder. Direção: Costa-Gavras. EUA, 1997. 114 min.

Nesse filme, vemos Brackett, repórter de TV que, acreditando ser o "furo" que alavancaria sua carreira, transmite em rede nacional o drama de Sam, segurança de um museu que, ao ser demitido e tentar reaver seu emprego, acaba acidentalmente ferindo um ex-colega e fazendo estudantes de reféns.

TODOS os Homens do Presidente. Direção: Alan J. Pakula. EUA, 1976. 138 min.

A trama se centra na investigação realizada por dois repórteres do *Washington Post* sobre o roubo da sede do Partido Democrático, em 1972, que descobrem, depois, uma conexão entre os assaltantes e um funcionário da Casa Branca.

Duas outras indicações são de museus em Lyon, na França, que têm objetos e produtos do período da criação da imprensa. O primeiro deles é o da Casa dos Irmãos Lumière, a quem se atribui a invenção do cinema, que abordaremos nos próximos capítulos deste livro. Mas, além da história do cinema, a casa conta também a história da fotografia e apresenta uma exposição de várias delas desde seus primeiros tempos. A outra indicação é o Institut Lumière, que oferece uma série de informações sobre os feitos dos irmãos Lumière e pode ser acessada *on-line*.

INSTITUT LUMIÈRE. Disponível em: <http://www.institut-lumiere.org/>. Acesso em: 27 abr. 2020.

Questões para revisão

1. Partindo da leitura das afirmações a seguir, assinale a alternativa correta:

    I) Na "pré-história" do jornalismo (século XVI), os valores jornalísticos dominantes eram o espetacular e o singularmente novo (desastres, mortes, seres deformados etc.).

    II) No século XVIII predominaram o "furo" e a neutralidade da notícia.

    III) A era de ouro dos jornais compreende do final do século XIX ao início do século XX.

    IV) O jornalismo da imprensa de massa situa-se entre os anos de 1830 e 1900 aproximadamente.

    a) Todas as afirmações são verdadeiras.
    b) As afirmações I e IV são verdadeiras.

c) As afirmações II e III são verdadeiras.
d) Apenas a afirmação III é verdadeira.

2. Os novos meios de comunicação impunham algumas exigências de crescimento. Por isso, "foi necessário criar uma nova fonte de rendimentos para esses jornais. Nasceu, assim, a publicidade". Acerca disso, assinale a alternativa **incorreta**:
   a) A publicidade surgiu da necessidade que os jornais passaram a ter de criar uma nova fonte de rendimentos.
   b) Mediante o uso da publicidade, os jornais começaram a ter um entrelaçamento nos seus planos editorial e comercial.
   c) Os novos meios de comunicação – telégrafo e telefone – impuseram demandas de mudanças na empresa jornalística, e a principal delas foi a introdução do anúncio publicitário.
   d) A publicidade, por suas próprias características, foi suficiente para garantir o equilíbrio econômico dos novos grandes jornais.

3. Assinale V ou F (verdadeiro ou falso) para as seguintes afirmações:
   ( ) O jornalismo é a síntese do espírito moderno, caracterizado pela razão e pela transparência.
   ( ) A Igreja foi a principal instituição mentora da invenção da imprensa e dela tirou o seu maior proveito.
   ( ) O primeiro jornalismo pode ser chamado *"da iluminação"*, tanto no sentido de exposição do obscurantismo à luz quanto de esclarecimento político e ideológico.
   ( ) O aparecimento do jornalismo está associado à desconstrução do poder instituído da Igreja e da universidade.

4. O que é o *lead* e qual a sua importância para a empresa jornalística?

5. Explique a característica da "imparcialidade" da notícia e relacione-a com a ideia de democracia.

Questões para reflexão

1. Segundo Dominique Wolton (2004), a comunicação pode ser comparada ao palito do algodão-doce, pois sustenta e dá forma à teia social democrática. Passados mais de dois séculos da invenção da imprensa, na condição de instituição responsável pela livre circulação de informações e opiniões, ainda é possível afirmar que ela garante a transparência democrática no mundo? E no Brasil? Quais exemplos factuais comprovam sua resposta?

2. A criação da empresa jornalística transformou a informação em mercadoria, produzida industrialmente e para atingir a massa. Essa criação envolveu os conceitos de imparcialidade e objetividade, além de regras técnicas de produção do texto jornalístico. Tais princípios estão presentes no jornalismo do século XXI. Dê três exemplos que ilustrem sua resposta.

3. Como produto da indústria capitalista, a notícia, para ser produzida e publicada, segue os preceitos estipulados pelas exigências de mercado: é notícia aquilo que diz respeito ao maior número possível de pessoas e que causa menor rejeição. Partindo dessa realidade, como o jornalista pode, na prática e por meio da sua especificidade profissional, dar voz e visibilidade aos grupos desfavorecidos e minoritários?

Capítulo

04

O rádio

Conteúdos do capítulo:

- A história do rádio.
- Os primeiros experimentos radiofônicos.
- As primeiras rádios e seu impacto na sociedade.

Após o estudo deste capítulo, você será capaz de:

1. identificar as características do rádio como meio de comunicação social;
2. caracterizar o rádio como empresa de comunicação e analisar suas implicações;
3. diferenciar e compreender as características da informação impressa e radiofônica.

Até aqui, a história da comunicação foi narrada cronologicamente e do ponto de vista técnico, ou seja, uma invenção superou ou aprimorou a anterior. A escrita registrou a fala, e a imprensa agilizou e massificou a reprodução de textos. Já o telégrafo e o telefone possibilitaram a comunicação de duas vias, enquanto a fotografia inseriu nos meios impressos uma nova possibilidade de registro da realidade. Vimos, portanto, cada uma dessas invenções determinando e sendo determinadas pela evolução do próprio homem e da sociedade em que ele vive e seu respectivo contexto histórico.

A partir da Revolução Industrial, no século XVIII, descobertas tecnológicas e invenções científicas de várias áreas acabaram contribuindo para a criação de algum novo meio ou tecnologia. Essa, por sua vez, interferiu, aprimorou e melhorou os meios de comunicação, tornando-os cada vez mais massivos, dado que eram, agora, produzidos em escala industrial. Assim, as descobertas da química e da física, por exemplo, permitiram o advento da fotografia, que logo foi incorporada aos jornais e às revistas impressas. Já os avanços da eletricidade possibilitaram a transmissão do som de um ponto a outro através do telefone. Mas o mundo estava em ebulição e o homem queria mais: desejava o registro da imagem em movimento. As pesquisas, então, evoluíram para a criação do cinema, e o desejo de difundir e transmitir o registro dessa imagem em movimento pouco a pouco criou a televisão.

O final do século XIX foi um período no qual todas essas pesquisas aconteceram quase que simultaneamente. O que permite uma narrativa cronológica de cada uma dessas invenções é a apropriação social de cada uma delas a seu tempo, como relataremos a seguir. De qualquer modo, foi no apogeu, na era de ouro dos jornais impressos, que foram concebidos os meios de comunicação audiovisuais que caracterizaram a cultura de massa no século XX: o rádio e a televisão.

Neste capítulo, apresentaremos a história do rádio e, com ela, a introdução da sociedade na era do audiovisual, da comunicação instantânea e massiva, que atingiu as grandes massas, inclusive a população não alfabetizada.

4.1
A invenção do rádio

O rádio e, na sequência, a televisão, pertencem, segundo classifica Balle (1994, p. 96), à família dos meios de difusão: com sinais transmitidos em sentido único por ondas hertzianas. A Autoridade Nacional de Comunicações (Anacom), à semelhança da Convenção

Internacional de Telecomunicações[1], define *radiofusão* como "serviço de radiocomunicação cujas emissões se destinam a ser recebidas diretamente pelo público em geral" (Anacom, 2020). A radiofusão sonora transmite o som a distância e é fruto das pesquisas de Faraday sobre campos magnéticos, realizadas por volta do ano de 1830.

Gontijo (2004, p. 351) descreve que foi Henry Maxwell, cerca de 30 anos depois, quem desenvolveu modelos matemáticos comprovando que a energia eletromagnética podia ser propagada na velocidade da luz. Vinte anos mais tarde, Heinrich Hertz, divulgou sua teoria sobre a possibilidade de se transmitir sinais telegráficos pelo ar. Coroando tais descobertas, em 1890, Guglielmo Marconi, conseguiu transmitir sinais sonoros a uma distância de nove metros. Mais tarde, chegou a 275 metros; depois, a três quilômetros. Em 1901, foi a 3.200 quilômetros, distância da Nova Inglaterra até a Terra Nova. Essas foram as primeiras transmissões de rádio registradas na história dos meios de comunicação, embora nesse momento o rádio ainda fosse uma mera extensão do telégrafo, empregado na comunicação com navios em alto mar.

Vemos que o potencial do rádio como um veículo de comunicação de massa ainda não era conhecido. Segundo Giovannini (1987, p. 183), "durante 25 anos foi considerado um grave defeito do rádio o fato de que era possível captar com relativa facilidade

---

1   A Convenção Internacional de Telecomunicações é um tratado internacional firmado em Buenos Aires, em 22 de dezembro de 1952, apensado ao ordenamento jurídico brasileiro por meio do Decreto n. 41.949, de 31 de julho de 1957 (Brasil, 1957).

as mensagens que, da estação emissora, eram endereçadas a um destinatário específico".

Os inventores daquele período não vislumbravam para o rádio a função de instrumento de comunicação coletiva. Como explica Giovannini (1987, p. 217), "cientistas, técnicos e estudiosos do assunto se desdobravam na vã tentativa de descobrir alguma coisa que, canalizando por vias obrigatórias a propagação das ondas eletromagnéticas, garantisse a reserva e o sigilo das transmissões".

Em 1912, durante o naufrágio do Titanic, o rádio foi utilizado para ajudar no resgate das vítimas, o que o tornou conhecido pelo grande público. Essa foi "a primeira transmissão ao vivo de uma notícia de interesse geral e o primeiro passo para a utilização doméstica daquele meio até então restrito aos militares" (Gontijo, 2004, p. 352).

Nessa segunda década do século XX, foram inauguradas diversas estações de rádio (TSF) na Europa, nos Estados Unidos e até mesmo no Brasil, como relataremos no decorrer deste capítulo. Contudo, nelas não havia ainda uma programação, tampouco regras claras para regulamentá-las. Nesse contexto, os conteúdos transmitidos eram culturais, indo de transmissão de músicas à leitura de poemas.

O rádio inaugurou, desse modo, um novo meio de comunicação na sociedade. Porém, já não bastava comprar alguns equipamentos para produzir um veículo, como o caso do jornal, por exemplo, e sair vendendo. Para chegar ao receptor, era necessário que o público tivesse um aparelho de rádio, que foi, depois, viabilizado comercialmente por Harry P. Davis, vice-presidente da Westinghouse Electric and Manufacturing Company.

Quando a Primeira Guerra Mundial acabou, começou-se a pensar em como tirar vantagens daquilo que, até então, parecia aos responsáveis pela sua criação um erro muito grave: o seu poder de transmissão pública. Giovannini (1987, p. 184) aponta o dia 15 de junho de 1920 como a data da reviravolta para a utilização do rádio pelo grande público. Segundo relata, da estação de Chelmsford foi irradiado um concerto da cantora Nellie Melba, captado em vastas extensões do território dos Estados Unidos e a bordo de navios que vinham de mares distantes. Um ano depois, na Marconi House de Londres, entrou em atividade uma das primeiras estações europeias de radiofusão (Giovannini, 1987).

A partir daí, o rádio "estourou" em todas as partes do mundo. Nos anos seguintes, de 1922 a 1924, Marconi realizou uma série de experiências que surtiram bons resultados para o futuro do rádio. Giovannini (1987, p. 184) menciona que, "naquela época, portanto, o rádio já podia preparar-se para assumir a característica própria da mídia, dentro de um contexto em que a 'história do público' já tendia a conquistar uma importância proeminente com relação às etapas, também significativas, da mudança tecnológica".

4.2
O rádio comercial

Há que se observar aqui as várias mudanças introduzidas pelo rádio, na qualidade de novo veículo de comunicação, na história da comunicação social. Do ponto de vista técnico, ele encetou uma nova modalidade de acesso do público, que se deu por meio da difusão, ampliando o alcance das transmissões, mas obrigando o usuário a adquirir o aparelho receptor, como mencionamos anteriormente.

Além disso, as técnicas de captação, produção, edição, transmissão e recepção foram fundamentais para que a comunicação, de fato, fosse efetivada por ele. Ao mesmo tempo, o rádio também expandiu as possibilidades de alcance ao público. Qualquer indivíduo, mesmo aqueles não alfabetizados, aqueles que não passaram pela leitura dos jornais cotidianos, poderia, a partir de agora, ter acesso aos principais fatos do mundo por meio da narrativa sonora das emissoras de rádio.

Outro ponto importante foi a necessidade de regulamentação do uso das ondas *herzetianas*, bens públicos que poderiam ser explorados por empresas privadas ou pelo próprio governo. Tanto o Poder Público como o privado se aperceberam das vantagens políticas e econômicas que conseguiriam ter com o novo veículo de comunicação de massas e, por isso, buscaram formas de tirar proveito disso.

As empresas de comunicação, em sua maioria já proprietárias de jornais de sucesso, reconheceram no novo meio uma forma de aumentar seus lucros, comercializando intervalos de tempo em sua programação de forma análoga ao que já faziam no jornal. O Poder Público, por sua vez, não tardou a perceber que, por intermédio do rádio, poderia "persuadir" eleitores e a opinião pública em geral em prol de seus projetos. Nesse contexto, entre os anos de 1920 e 1930, emissoras de rádio foram inauguradas na Europa (Holanda, França, Bélgica, Itália, entre outros) na Índia, nos Estados Unidos e no Canadá.

O principal exemplo do uso do rádio pelo poder foi o regime fascista italiano. Como explica Giovannini (1987, p. 185), ao reconhecer a viabilidade de transformar o rádio em um instrumento de propaganda, o governo italiano iniciou a elaboração de um projeto para difundi-lo, que resultou no aumento do número de assinantes de 100 mil, em 1929, para mais de 1,3 milhão, em 1940. Segundo o autor, as diretrizes do regime fascista eram claras: "temos à nossa disposição o meio mais poderoso de cultura, de moralização, de diversão que existe: falharíamos em cheio na nossa missão se não uníssemos todos os esforços para utilizá-lo da melhor maneira possível" (Giovannini, 1987, p. 185).

Já na Alemanha, Hitler também tinha clara consciência do que fazer com o rádio: de um lado, reduziu drasticamente o número de jornais (de 2700 para 1200) e queimou livros; de outro, intensificou a propaganda naquele veículo para criar uma "consciência radiofônica", semelhante ao que aconteceria, mais tarde, no Brasil da década de 1960[2]. Para o nazismo alemão, assim como para o fascismo italiano (e o brasileiro), era necessário destruir o "espírito de rebelião", sendo o rádio um veículo privilegiado para isso. "O rádio deve ser propaganda. E propaganda significa combater em todos os campos de batalha do espírito, gerar, multiplicar, destruir, exterminar, construir e abater. A nossa propaganda é inspirada naquilo

- - - - -

2   Ortiz (1994) afirma que o regime militar fez algo semelhante nos anos de 1960: censurou e exilou artistas que eram contrários ao governo e, ao mesmo tempo, favoreceu, com uma série de incentivos, o desenvolvimento de empresas de comunicação que faziam propaganda positiva de sua gestão, como é o caso da Rede Globo de Televisão, cuja audiência "explodiu" durante esse período.

que chamamos raça, sangue e nação alemães" (Goebbels, citado por Giovannini, 1987, p. 185).

Importante!

Com o rádio e, na sequência, a televisão, o alcance dos meios de comunicação sociais foi ampliado. As pessoas não precisavam mais serem alfabetizadas para acessar as mensagens radiofônicas e, depois, televisivas. Para fins políticos de persuasão, isso teve, e ainda tem, uma força muito grande. Houve também uma nova abordagem desse público, caracterizada pela emoção, e não mais pela objetividade do texto, cuja leitura era antes acionada pela razão.

Finalmente, há que se destacar que, com o rádio, os meios de comunicação social passaram a ter, além da função de informar o cidadão sobre os principais fatos da sua cidade e do mundo, a função de entretenimento e diversão. A programação radiofônica, inicialmente elitista e com conteúdo "clássico", pelo apelo comercial, logo se popularizou. Seu conteúdo, então, passou a ser o característico da "cultura de massa", como bem assinala Edgar Morin (1997).

O produto da cultura de massa popularizado pelo rádio, primeiramente resultou dos interesses e das determinações do mercado, e, para cair no gosto popular e gerar lucro para a indústria cultural, muitas vezes deixou de lado as qualidades estéticas até então preservadas e defendidas pela cultura de elite.

Por outro lado, devemos reconhecer que, como fez o jornal no século anterior, esse novo invento comunicacional, o rádio, contribuiu para democratizar o acesso da grande massa aos bens culturais e à informação. Agora ainda mais, pois atingiu também as massas analfabetas, que até então estavam alheias aos principais acontecimentos do seu entorno.

Nesse sentido, estudos no âmbito da teoria da comunicação comprovaram, nas décadas seguintes, principalmente a partir dos anos de 1950, com os estudos culturais ingleses, que o uso que as massas fazem das mensagens midiáticas pode ser diferenciado e mediado por suas condições sociais, culturais e econômicas. Isso levou à compreensão de que o processo de comunicação, concebido nos anos de 1930 e 1940 como vertical-linear (emissor-mensagem-receptor), pode também ser circular e ter um receptor ativo, o que conferiria à mensagem sentido diferente daquele intencionado pelo emissor.

Curiosidade

Esses novos estudos, chamados *estudos de recepção*, ganharam força na América Latina a partir dos anos de 1980 e seus principais autores são Jesús Martín Barbero, Néstor García Canclini e Guillermo Orozco[3].

3   É importante salientar aqui que, embora o objeto deste livro não seja a teoria da comunicação, e sim a sua história, essa nova compreensão do papel dos meios na sociedade, principalmente trazida pela contribuição dos estudos culturais ingleses, relativiza o poder de dominação que se atribuía aos meios de comunicação audiovisuais na primeira metade do século XX. Isso ocorreu principalmente devido ao pensamento da Escola de Frankfurt, a qual entendeu que esses novos meios, o rádio e a televisão, inserem-se nas sociedades e ganham sentido mediados pelo contexto histórico, econômico, social e, sobretudo, cultural de cada local. Para aprofundar o tema e compreendê-lo no contexto latino-americano, veja o livro *Dos meios às Mediações*, de Jesús Martín-Barbero.

4.3
O rádio no Brasil

Oficialmente, a primeira radiotransmissão no Brasil aconteceu em 7 de setembro de 1922, ano do Centenário da Independência. Gontijo (2004, p. 355) aponta, entretanto, que, já em 1900, o padre Landell de Moura fez uma demonstração oficial do seu invento, com uma transmissão radiofônica entre a avenida Paulista e o bairro de Santana, "sem a ajuda de fios, de sua própria voz, através da irradiação de uma onda eletromagnética [...] na presença de autoridades e da imprensa". Segundo a mesma autora, o *Jornal do Comércio* de São Paulo, de 10 de junho de 1900, assim noticiou o fato:

> No domingo próximo passado, no Alto de Sant'ana, cidade de São Paulo, o padre Roberto Landell de Moura fez uma experiência particular com vários aparelhos de sua invenção, no intuito de demonstrar algumas leis por ele descobertas no estudo da propagação do som, da luz e da eletricidade, através do espaço, da terra e do elemento aquoso, as quais foram coroadas de brilhante êxito. Estes aparelhos, eminentemente práticos, são, como tantos corolários, deduzidos das leis supracitadas. Assistiram a esta prova, entre outras pessoas, o Sr. P.C.P. Lupton, representante do governo britânico, e sua família. (Gontijo, 2004, p. 355)

Apesar desse registro e de o padre Landell de Moura ter desenvolvido seus equipamentos em 1893, antes mesmo da data atribuída à invenção do rádio por Marconi, em 1895, a história nunca o reconheceu como autor dessa invenção que mudou a comunicação na sociedade a partir do século XX. Moura não se abalou por isso e, em sua última entrevista ao jornal porto-alegrense *Última Hora*, afirmou:

> Não sou menos feliz por isso. Eu vi sempre nas minhas descobertas uma dádiva de Deus. E como, além disso, sempre trabalhei para o bem da humanidade, tentando, ao mesmo tempo, provar que a religião não é incompatível com a ciência, folgo em ver hoje realizado, na prática utilitária, aquilo que foi todo o meu sonho de muitos dias, de muitos meses, de muitos anos. (Gontijo, 2004, p. 356)

As invenções do padre Landell de Moura não se restringiram apenas ao rádio. Em 20 de agosto de 1904, ele apresentou o Telephotorama ou a chamada *visão a distância*. Tratava-se de um projeto para transmitir imagem a distância, a televisão[4]. Além disso, alguns documentos seus, analisados por técnicos da Telebras, revelaram uma tentativa de construir um registrador telegráfico. Uma espécie de controle remoto pelo rádio ou teletipo, invenções que, na história oficial, surgiram durante a Primeira Guerra Mundial e em 1928, respectivamente (Gontijo, 2004, p. 355).

Assim, conclui Gontijo (2004), além de suas experiências na transmissão de sons de diferentes maneiras, Moura foi também

---

4 Enquanto isso, na Europa, já se falava em "televisão" em um romance de ficção científica, e foi feita uma primeira demonstração pública do invento na Exposição de Paris, em 1900, como mostraremos no próximo capítulo.

pioneiro no estudo dos processos de transmissão de imagens. Com todas as dificuldades que enfrentou, por estar num país distante dos principais centros de desenvolvimento tecnológico, conseguiu, ainda assim, três patentes na América do Norte: transmissor de ondas, precursor do rádio, em 11 de outubro de 1904; telefone sem fio e telégrafo sem fios, em 22 de novembro de 1904.

De acordo com Barbosa (2013), a história do rádio no Brasil pode ser contada de diferentes formas: cronologicamente, a partir da história das emissoras, por região ou por gênero transmitido. Mas, assim como a autora, nosso interesse aqui é o de analisar de que modo a sociedade brasileira se apropriou dessa nova tecnologia e qual sentido conferiu a ela. Barbosa (2013, p. 227) também afirma que, "no caso do rádio, as marcas de uma oralidade duradoura que permaneceram ecoando no cotidiano das cidades como paisagem sonora [...] dominante, assumirão características peculiares".

Do ponto de vista cultural, Ortiz (1994, p. 25) analisa que, nesse período, o público brasileiro encontrava-se cindido em duas partes: de um lado, uma minoria de especialistas; de outro, uma massa de consumidores. Foi dessa minoria de especialistas (composta por artistas, escritores, as ditas *vanguardas*) que saíram as primeiras críticas em relação à chamada *cultura de massa*, da qual o rádio não é a única expressão, mas que, no Brasil, justamente por atingir a maior parte da população analfabeta, causou o primeiro grande impacto.

O rádio – que, como na Europa e nos Estados Unidos, até os anos de 1920 era limitado a pequenos grupos envolvidos com transmissões culturais restritas, denominadas *radioclubismo* – entrou na era comercial e atingiu seu apogeu nos anos de 1940.

Preste atenção!

À medida que os aparelhos receptores de rádio foram chegando às casas, novos hábitos individuais foram inseridos, sejam familiares, sejam coletivos. Um exemplo era o fato de se fazer silêncio em determinados horários para prestar atenção à programação radiofônica.

Gontijo (2004) explica que, depois da comemoração do Centenário da Independência, na qual o rádio foi apresentado à sociedade brasileira, sua introdução nos lares efetivou-se aos poucos. Segundo a autora, "anúncios publicados nos jornais da época mostram que, antes da instalação de uma rádio com programação regular, houve um período em que o comércio estimulava a compra de kits completos com manuais de instrução para a montagem de receptores de rádio pessoais" (Gontijo, 2004, p. 357).

Mas as dificuldades das emissoras, nesse primeiro momento, eram inúmeras, conforme aponta Calabre (citado por Barbosa, 2013, p. 229). Entre elas estavam "falta de recursos; escassez e precariedade dos aparelhos receptores; dificuldade de conseguir anunciantes; irregularidade dos horários de transmissão etc.".

A primeira emissora a ser inaugurada foi a Rádio Sociedade do Rio de Janeiro, pelos professores Roquete Pinto e Henrique Morize. Um ano depois, estreou a Rádio Club do Brasil, concedida pelo governo ao funcionário dos telégrafos Elba Dias. Até o final dos anos de 1920, 16 outras emissoras de rádio já estavam funcionando em todo o país.

Roquete Pinto, antropólogo formado na Europa, viu no rádio a possibilidade de ampliar o acesso à educação e à cultura para toda a população, fazendo-as chegar a locais distantes dos grandes centros urbanos. A respeito disso, Gontijo (2004) relata que a participação de Roquete Pinto em uma experiência de interiorização, denominada *Missão Rondon*, foi determinante para sua conclusão de que os problemas com a educação eram a causa principal do atraso do país. Para dar conta desse propósito educacional, a programação da Rádio Sociedade do Rio de Janeiro "era um primor de elitismo, com intermináveis palestras, conferências, leituras de clássicos da literatura e sessões de música erudita" (Gontijo, 2009, p. 360). Nesse momento, "nada de música popular ou de publicidade e nenhuma regularidade na programação" (Gontijo, 2009, p. 360).

Barbosa (2013, p. 230) cita Calabre, que afirma ser esse primeiro período do rádio brasileiro caracterizado por dificuldades de ordem técnica, mas também de ordem política conjuntural. O governo percebeu, segundo Calabre (citado por Barbosa, 2013, p. 230), "que o 'rádio poderia vir a se tornar um perigoso veículo de comunicação, de divulgação dos acontecimentos e das ideias'. Para evitar tal perigo 'o governo não só proíbe a atuação jornalística, como dificulta a própria sobrevivência econômica do rádio'".

Apesar desse temor do governo quanto à "ameaça" do rádio, ainda era, na época, uma camada restrita da população que a ele tinha acesso, pois era necessário ter dinheiro para comprar os aparelhos receptores. Percebendo a incoerência, Roquete Pinto se aliou a Anísio Teixeira para juntos realizarem uma primeira experiência de educação a distância. Então, em 1933, criaram a Escola Municipal do Distrito Federal.

Sobre tal experiência, Gontijo (2004, p. 358) relata que o propósito dessa escola era o de desenvolver cursos regulares pelo rádio: os alunos se inscreviam na rádio, recebiam material didático pelo correio e, com ele, acompanhavam as aulas para, finalmente, fazer os trabalhos solicitados. Desde então, o Brasil pôde elencar uma série de experiências e tentativas de educação mediante o uso dos meios de comunicação.

O ano de 1930 marcou a consolidação e a popularização do rádio no Brasil como efetivamente um veículo de massa, sobretudo nas áreas urbanas, pois ainda não existiam aparelhos movidos a pilha e o alcance da energia elétrica seguia restrito aos grandes centros urbanos. Nessa conjuntura, o governo de Getúlio Vargas deu importantes contribuições a esse desenvolvimento.

Populista que era, o presidente logo reconheceu o poder que o rádio teria na disseminação de sua própria imagem e de suas ideias. Criou, então, em 1937, o Serviço de Radiofusão Educativa, para difundir programas educativos. Um pouco antes, em 1932, por meio do Decreto-Lei n. 21.111, de 1º de março de 1932 (Brasil, 1932), Vargas normatizou a veiculação de propaganda no rádio, fixando o limite de 10% da programação, e também criou o Departamento de Imprensa e Propaganda (DIP), por intermédio do qual muitas vezes interferiu na programação das emissoras. Nesse mesmo período, adotou o modelo americano de concessão de canais à iniciativa privada, o que impulsionou enormemente a exploração comercial do meio.

Essa nova fase do rádio no Brasil, eminentemente comercial, começou a incorporar nos seus projetos a visão de mercado e táticas para obter aprovação do público, em um processo semelhante ao vivenciado pelas empresas jornalísticas no final do século XIX. A lógica era a mesma: a informação e agora também o entretenimento viraram mercadoria. Assim, quanto mais agradassem ao público tanto mais capacitariam as empresas a aumentar o preço dos espaços comercializados para propaganda.

As emissoras de rádio se profissionalizam e viram verdadeira febre nacional. Sua grade de programação cai cada vez mais no gosto popular pois saíam as atrações estritamente culturais e eruditas, e ganhavam espaço os programas musicais, variando entre o clássico e o popular, pendendo mais para este, o direcionamento da programação de acordo com a faixa etária e a presença cada vez mais maciça dos anunciantes, que ainda eram exclusivamente nacionais. (Moreira, citado por Gontijo, 2009, p. 360)

Os números expressam o posterior sucesso vertiginoso do rádio em solo brasileiro no período. Em dezembro de 1937, por exemplo, existia um aparelho de rádio para cada 240 habitantes no Brasil. Dois acontecimentos, no entanto, alteraram os rumos do rádio no país na década seguinte. O primeiro deles foi a estatização da Rádio Nacional do Rio de Janeiro e sua transformação na maior emissora radiofônica, tanto em relação ao elenco de artistas contratados quanto à quota de patrocínio do governo e da iniciativa privada.

O segundo acontecimento foi a chegada do capital americano, por intervenção da política de divulgação do *american way of life* (Gontijo, 2004, p. 361).

Apesar desse crescimento e da consolidação do rádio na condição de meio de comunicação social, Barbosa (2013, p. 234) ressalta o seu uso estratégico, durante o Estado Novo (1937-1945), para a difusão da ideologia estadonovista. Diz a autora: "o Estado Novo como um estado de massas, concepção que vinha sendo formada desde a década anterior pelos ideólogos do pensamento conservador brasileiro, verá os meios de comunicação, sobretudo os mais modernos, como o rádio, como fundamentais para arregimentar as massas" (Barbosa, 2013, p. 235).

Duas atrações inseridas na programação radiofônica desse período caíram no gosto popular e caracterizaram a cultura de massa brasileira nos anos seguintes: a radionovela e o radiojornal[5].

Em busca da felicidade, uma radionovela de Leandro Blanco, transpôs para o rádio o folhetim dos jornais que agradava ao público feminino. O *Repórter Esso*, por sua vez, com os bordões "testemunha ocular da história" e "o primeiro a dar as últimas", criou no público brasileiro, mesmo aquele que ainda não tinha acesso a jornais impressos, o sentimento de pertencimento a um espaço público nacional, a uma coletividade.

---

5   A televisão brasileira, a partir dos anos de 1960, desenvolveu-se tendo como carro-chefe na sua programação o chamado *sanduíche de audiência*, formado pela novela das 7h, o telejornal e a novela das 8h.

Fique atento!

Não se pode, ainda, falar, nessa fase, de um radiojornalismo com uma linguagem propriamente radiofônica. O que se fazia era, na verdade, uma transposição do texto escrito, quase que sua leitura integral, sem nenhuma adequação ao novo meio. O mesmo pode ser dito sobre a radionovela. Aos poucos, no Brasil e no mundo, foram se desenvolvendo técnicas de linguagem, de produção de texto e de programas mais adequados ao veículo em questão.

Com o fim da Segunda Guerra Mundial, na segunda metade do século XX, novidades tecnológicas não paravam de chegar, principalmente vindas dos Estados Unidos. Primeiramente, os anunciantes de produtos de empresas multinacionais buscaram criar aqui um mercado consumidor e fazer do rádio sua primeira vitrine. Em seguida, tivemos um modelo de radiojornal que foi aos poucos incluindo o Brasil na nova ordem econômica mundial.

4.4
Cada um no seu quadrado: os meios encontram o seu público

Aquele velho temor de que uma nova tecnologia acabaria por suplantar a anterior foi caindo por terra na história dos meios de comunicação de massa. Primeiro, houve o medo, atribuído aos filósofos, de que a escrita acabaria com a memória; depois, também houve a preocupação de que a imprensa destruiria o rigor das letras clássicas e de que a cultura de massa aniquilaria a arte ou o jornal impresso.

O fato é que a sociedade do século XX aprendeu a conviver com a multiplicidade e a variedade de meios de comunicação. Mesmo que inibidos por duas grandes guerras mundiais, foram esses meios que provocaram as grandes mudanças sociais do século XX, introduzindo, como já explicamos outrora, uma nova relação das pessoas entre si e com o mundo.

Na primeira metade dos anos de 1900, a sociedade começou a conviver com a energia elétrica, o automóvel, o avião, o cinema, as revistas ilustradas, o rádio e a televisão, a qual se massificou após o fim da Segunda Guerra, mas já existia desde as primeiras décadas do século.

Para refletir

Edgar Morin (1997) afirma ser o século XX o século da cultura de massa. Não que ela seja nele criada, mas foi nele, sem dúvida alguma, que atingiu o seu apogeu. Nesse período, o tempo parecia passar cada vez mais rápido, e as distâncias, gradativamente mais curtas. Uma diversidade de costumes também se misturou, e estágios diferentes de desenvolvimento econômico e intelectual passaram a coexistir.

Desse modo, os meios de comunicação "se adequaram" a esse novo cenário. O jornal ainda reinava soberano, como principal veículo de comunicação – sobretudo para as classes mais elitizadas e alfabetizadas –, enquanto o rádio foi encontrando sua função de utilidade pública, de veículo instantâneo de comunicação, acessível de qualquer lugar, rápido, ágil. A ele coube a tarefa social de anunciar o fato, enquanto ao jornal coube o dever de fornecer uma análise da situação, a sua repercussão, o seu aprofundamento. Não raro um apoiava/complementava o material do outro, e várias empresas de comunicação até mesmo diversificaram seus produtos, produzindo jornais e administrando emissoras de rádio ao mesmo tempo.

Enfim, podemos afirmar que, no Brasil, o período de desenvolvimento e consolidação do rádio coincidiu com o início do processo brasileiro de industrialização e de formação de grandes conglomerados urbanos, para os quais migrou sua população até então rural.

Vivemos, nos anos de 1920 a 1950, progresso e mudanças equiparáveis às que a Europa experienciou no século XVIII, com a diferença de que já tínhamos em franca evolução tecnologias de comunicação, que contribuíram para a formação das massas desses novos tempos.

Síntese

Ideia central: O rádio inaugurou a era dos meios de comunicação de massa, atingindo o público analfabeto e adquirindo um forte potencial persuasivo. Foi o primeiro veículo a transmitir a informação instantaneamente, no momento do desenrolar dos fatos.

A invenção do rádio

Período: A história do rádio divide-se em três períodos, a saber: o dos primeiros experimentos (final do século XIX); o das radioclubes, que tinham fins culturais (até os anos de 1920); e o período comercial (a partir dos anos de 1930).

Contexto social: O rádio tornou-se um veículo de comunicação de massa no período entre as duas Guerras Mundiais. Por isso mesmo, desde o início, políticos como Hitler identificaram nele um forte poder de persuasão. No período de sua criação, o desenvolvimento capitalista se acelerou e a sociedade civil começou a reivindicar os próprios direitos e a ter acesso à educação formal.

Principais meios de comunicação: Quando o rádio foi criado, o jornal impresso vivia o seu período de ouro, mas já existiam as revistas ilustradas. Já o cinema e a televisão estavam se popularizando e em fase de experimentos, respectivamente.

Materiais utilizados: O rádio foi o primeiro veículo de difusão a funcionar por meio de ondas hertzianas. Pela primeira vez, também foram necessários uma estação transmissora e aparelhos receptores que tornassem possível a comunicação.

Uso social dos meios de comunicação: Um dos primeiros usos do rádio foi a execução de uma tarefa de utilidade pública: a de chamar socorro para as vítimas do naufrágio do Titanic. Depois disso, ele foi utilizado para divulgar poesia e literatura nas radioclubes e, finalmente, para fins comerciais e políticos, a partir dos anos de 1930.

Novas tecnologias: O rádio foi o primeiro veículo de comunicação a utilizar as ondas hertzianas para transmissão de sinais.

Para saber mais

Como foi dito no decorrer do capítulo, a história do rádio pode ser estudada sob múltiplos ângulos: do cronológico ao técnico; do individual (nomes que se destacaram) ao coletivo (emissoras);

e pode-se analisar também a especificidade de sua programação, por exemplo, livros sobre o radiojornalismo, a música no rádio ou o jornalismo esportivo.

Mantendo a ênfase dessa abordagem na apropriação social de cada meio, destacamos, para este capítulo, como indicação bibliográfica, a obra de Edgar Morin, *Cultura de massas no* século XX, volumes 1 e 2. A obra não trata especificamente do rádio, mas fala do contexto social no qual a cultura de massa foi criada, sendo que, nesse cenário, o rádio é uma de suas principais expressões. Os dois volumes – neurose e necrose – detalham a nova mentalidade social na era da comunicação de massa, tornando-se, por isso, leitura imprescindível para o profissional da área.

MORIN, E. **Cultura de massas no século XX**: neurose. Tradução de Maura Ribeiro Sardinha. 9. ed. Rio de Janeiro: Forense Universitária, 1997. v. 1.

MORIN, E. **Cultura de massas no século XX**: necrose. Tradução de Agenor Soares Santos. 3. ed. Rio de Janeiro, Forense Universitária, 2001. v. 2.

Outra leitura fundamental para o estudante e profissional da comunicação – e das ciências sociais – é a obra de Renato Ortiz, na qual o autor analisa a trama cultural que dá sentido à história dos meios de comunicação do Brasil do século XX. É imprescindível para se compreender sobretudo as principais questões relacionadas à cultura e ao poder.

ORTIZ, R. **A moderna tradição brasileira**: cultura brasileira e indústria cultural. 5. ed. São Paulo: Brasiliense, 1994.

Finalmente, para aqueles que se interessam pelo rádio e querem estudá-lo de forma mais aprofundada e específica, indicamos a obra organizada por Eduardo Meditsch, que faz parte da coleção de publicações do Núcleo de Pesquisa sobre Rádio da Sociedade Brasileira de Estudos Interdisciplinares da Comunicação (Intercom).

MEDITSCH, E. (Org.). **Teorias do rádio**: textos e contextos. Florianópolis: Insular, 2005. v. 1.

Alguns filmes abordam o rádio como veículo de comunicação e mostram seu impacto na sociedade, por exemplo:

BOM DIA, Vietnã. Direção: Barry Levinson. EUA, 1988. 121 min.

Nesse filme, vemos o radialista Adrian Cronauer tentando, com seu programa matinal, promover o riso e a alegria na vida de soldados no Vietnã, até que uma moradora local lhe ajuda a enxergar o verdadeiro horror da guerra.

RADIO Nacional. Direção: Paulo Roscio. Brasil, 2011. 79 min.

No longa, comemorando 75 anos de fundação da irreverente emissora Rádio Nacional, conhecemos a trajetória dela por meio de depoimentos de funcionários da própria instituição e de artistas.

A ESTAÇÃO de rádio. Direção: Nicolas Philibert. França, 2013. 103 min.

Com esse documentário, entendemos as peculiaridades e o funcionamento da Radio France, a maior emissora da França, que transmite 24 horas sem interrupções, mediante entrevistas de produtores, jornalistas e outros.

Questões para revisão

1. Marque V (verdadeiro) ou F (falso) para as afirmativas a seguir:

   ( ) No final do ano de 1870, Edison, com seu fonógrafo, conseguiu gravar e conservar a voz humana, mas as experiências sobre a radiofusão tinham começado muitos anos antes.

   ( ) Foi o mesmo Edison que, em 1896, conseguiu transmitir a voz através de ondas elétricas, criando, assim, a primeira antena irradiadora.

   ( ) Desde o início, os inventores e empresários perceberam o potencial do rádio como veículo de comunicação de massa.

   ( ) As primeiras experiências de radiofusão começaram nos Estados Unidos e na Inglaterra, para transmitir apenas cantos, recitais e o som de discos gramofônicos.

   ( ) Nos anos de 1930, o rádio foi usado por governos fascistas de diversos países como meio poderoso de cultura, moralização e diversão.

   ( ) O padre Landell de Moura divide com Guglielmo Marconi a autoria ou "paternidade" do rádio.

   ( ) Para os nazistas, o rádio devia fazer propaganda, e propaganda significava combater em todos os campos de batalha do espírito, gerar, multiplicar, destruir, exterminar, construir e abater.

   ( ) No Brasil, o rádio despertou em Roquete Pinto o interesse pela democratização da cultura e do saber.

( ) O rádio introduziu, no Brasil, a cultura do audiovisual para a grande massa analfabeta da população.

( ) A invenção do transistor, em 1947, transformou o rádio em um instrumento amplamente acessível devido ao fácil manuseio e ao baixo preço.

2. Sobre os primeiros usos do rádio, assinale a alternativa correta:
   a) Logo de início, percebeu-se que o rádio poderia educar multidões.
   b) As primeiras transmissões radiofônicas tiveram conteúdo cultural e literário.
   c) Cursos de jornalismo radiofônico foram transmitidos para enriquecer a programação.
   d) Empresas nacionais perceberam o potencial publicitário do rádio.

3. Assinale a alternativa correta nas assertivas a seguir:
   a) No Brasil, Roquete Pinto foi um dos primeiros a acreditar que o rádio poderia expandir a cultura e a educação das camadas mais pobres da população.
   b) O potencial informativo do rádio inviabilizou o seu uso político e manipulatório.
   c) Por incorporar tecnologias inéditas daquele momento histórico, o rádio exigiu profissionais altamente capacitados.
   d) No Brasil, o rádio contribuiu para a conscientização da classe trabalhadora.

4. Explique as diferenças existentes entre as informações radiofônicas e as impressas.

5. Tendo como base a invenção do rádio, explique por que, segundo Dominique Wolton (2006), um novo meio de comunicação é sempre mais democrático do que o seu antecessor.

Questões para reflexão

1. "Parecia uma noite normal naquele 30 de outubro de 1938, até que a rede de rádio CBS (Columbia Broadcasting System) interrompeu sua programação musical para noticiar uma suposta invasão de marcianos. A 'notícia em edição extraordinária', na verdade, era o começo de uma peça de radioteatro, que não só ajudou a CBS a bater a emissora concorrente (NBC), como também desencadeou pânico em várias cidades norte-americanas. A 'invasão dos marcianos' durou apenas uma hora, mas marcou definitivamente a história do rádio" (Teschke, 2019).

Esse trecho narra um episódio que não pode ser escamoteado quando estudamos a história do rádio. O que parecia uma brincadeira às vésperas do Halloween, transformou-se em pânico coletivo, evidenciando, entre outras coisas, o novo papel dos meios de comunicação na sociedade. Procure saber o que foi esse episódio e, em seguida, redija uma reflexão sobre o impacto de notícias "sensacionalistas", principalmente das transmitidas pelo rádio, na sociedade. Procure exemplos nacionais mais recentes de mobilizações feitas através do rádio e analise o impacto que o veículo tem ainda hoje na vida das pessoas.

2. Hitler foi um dos primeiros políticos a perceber o quão útil o rádio poderia ser na divulgação de ideias e comportamentos. No Brasil, Getúlio Vargas teve a mesma percepção e se ocupou de regulamentar as concessões de emissoras de rádio e de criar o Departamento de Imprensa e Propaganda (DIP) para censurar a programação destes. Depois disso, a história do rádio no Brasil mostrou que, em diversos momentos, outros políticos também o utilizaram para adquirir influência, conquistando, assim, público e eleitores.

    Considerando o exposto, faça uma pesquisa para identificar quais políticos alcançaram atualmente, no estado em que você reside, cargos públicos devido à popularidade que obtiveram por meio de programas de rádio. Analise também a trajetória política desses personagens. Em seguida, elenque as principais conclusões a que você chegou sobre o uso político do rádio e suas consequências na sociedade.

3. Sabemos que os meios de comunicação vão se adequando às mudanças sociais e às novas tecnologias de informação que são criadas, assumindo novos papéis na trama social. Com a internet, o rádio sofreu novo impacto, e uma de suas adaptações é a possibilidade da criação de *web* rádios, inclusive no ambiente universitário. Nessa atividade, solicitamos que você planeje uma *web* rádio para o seu curso de comunicação, caracterizando o público-alvo, o conteúdo da programação e a linguagem a ser empregada.

Capítulo 05

A televisão

Conteúdos do capítulo:

- A história da televisão: a grande descoberta do século XX.
- As características da televisão.
- O impacto social da televisão no século XX e no Brasil.
- A relação entre a televisão e o sistema capitalista de produção.

Após o estudo deste capítulo, você será capaz de:

1. compreender a grande revolução na comunicação da sociedade provocada pela televisão;
2. relacionar a trama da produção televisiva com o sistema capitalista de produção;
3. compreender a dimensão social desse veículo de comunicação que passou a "vigiar a normalidade social";
4. identificar e entender as principais características da linguagem televisiva e diferenciá-la da impressa e da radiofônica.

"Tanto insistiram que José Arcadio Buendía pagou os trinta reais e os conduziu até o centro da barraca, onde havia um gigante de torso peludo e cabeça raspada, com um anel de cobre no nariz e uma pesada corrente de ferro no tornozelo, vigiando um cofre de pirata. Ao ser destampado pelo gigante, o cofre deixou escapar um hálito glacial. Dentro havia apenas um enorme bloco transparente, com infinitas agulhas internas nas quais se despedaçava em estrelas de cores a claridade do crepúsculo. Desconcertado, sabendo que os meninos esperavam uma explicação imediata, José Arcadio Buendía atreveu-se a murmurar:
– É o maior diamante do mundo.
– Não – corrigiu o cigano. – **É gelo**.
O pequeno José Arcadio negou-se a tocá-lo. Aureliano, em compensação, deu um passo para diante, pôs a mão e retirou-a no ato. 'Está fervendo', exclamou assustado.

> Mas o pai não lhe prestou atenção. [...] Pagou outros cinco reais, e com a mão posta no bloco, como que prestando um juramento sobre o texto sagrado, exclamou: Este é o grande invento do nosso tempo...".
>
> Gabriel Garcia Marques (Cem Anos de Solidão, 1967)

A literatura fantástica de Garcia Marques serve aqui para ilustrar o espanto do homem diante das invenções do seu tempo. Nem o mais criativo dos autores poderia imaginar que uma imagem de um livro de ficção científica se tornaria realidade em menos de 50 anos e conectaria todo o universo, transformando-o em uma verdadeira aldeia global, como definiu em 1960 o teórico da comunicação Marshall McLuhan.

A história da televisão, sobre a qual trataremos neste capítulo, se insere no contexto das grandes invenções tecnológicas sucedidas a partir da Revolução Industrial, no século XVIII. Ela é fruto de um extenso e denso processo de pesquisas e descobertas de várias áreas do conhecimento, como a eletricidade, a física, a fotografia, a radiofonia e o cinema. Como começamos a ver no capítulo anterior, o homem aprendeu a registrar o som e a imagem; e tentava de mil formas diferentes transmitir mensagens a distância. Chegar à televisão era, portanto, uma questão de tempo.

5.1
A "pré-história" da televisão

Albert Robida, no seu romance ficcional de 1883, intitulado *Século vinte*, apresentou o que chamou *telefonescópio*, "uma máquina capaz de proporcionar a visão a distância" (Giovannini, 1987, p. 251). Menos de um ano depois, o que parecia delírio de um ficcionista materializou-se na realidade.

Giovannini (1987, p. 249) conta que as pesquisas para a invenção da televisão foram intensificadas entre 1880 e 1890. O disco de Nipkow (o mesmo nome do seu inventor), derivado dessas investigações, um aparelho de escandimento das imagens com funcionamento mecânico e, na mesma proporção, elétrico, foi criado e dominou a indústria televisiva até 1933, data de nascimento da televisão totalmente eletrônica.

O mesmo autor descreve ainda que, na longa "pré-história" da televisão, três invenções foram decisivas: i) a primeira foi a **eletricidade**, que impulsionou o desenvolvimento industrial, suplantando a máquina a vapor; ii) a segunda foi a **telegrafia elétrica**, que, por volta dos anos de 1870, já estava em pleno funcionamento; e, finalmente, iii) a terceira invenção foi a **fotografia**, que permitiu a impressão, o registro da imagem, ao mesmo tempo em que os estudos sobre o cinema progrediam.

Giovannini (1987, p. 250) explica que a ideia de televisão estava implícita nessas manifestações, sendo difícil separá-la nos seus estágios iniciais. Tem-se o ano de 1842, entretanto, como primeiro registro de uma espécie de concepção inicial da televisão, "quando o inglês Bain colocou em funcionamento um aparelho rudimentar para transmitir imagens fixas a distância através de fios elétricos". Várias outras técnicas foram gradualmente acrescidas a esse primeiro aparelho, mas foi apenas quando a televisão (a visão a distância de imagens em movimento) se tornou um objetivo a ser perseguido, que a nova invenção começou a se concretizar.

Ao fazer uma cronologia das técnicas da imagem, Balle (1994, p. 108) afirma que, em 1900, na Exposição Universal de Paris, a palavra *televisão* foi pronunciada pela primeira vez. Entre os anos de 1907 e 1911, Boris Resling criou o primeiro tubo catódico, enquanto S. L. Hart propôs, em 1914, um sistema de televisão por linhas intercaladas. Já em 1923, o britânico John Logie Baird transmitiu a imagem televisiva em 16 linhas. Dois anos mais tarde, nos Estados Unidos, começaram a funcionar os primeiros sistemas completos de televisão, em 30 linhas.

Fique atento!

Como aconteceu com o rádio, não bastou a invenção tecnológica para que a televisão vingasse. Foi necessário primeiro o homem se dar conta do potencial dessa nova invenção para a comunicação na sociedade, o que só ocorreu nos primeiros anos do século XX. Mais uma vez foram interesses econômicos que determinaram essa consciência sobre o novo meio, como veremos neste capítulo.

A indústria eletroeletrônica percebeu, mais tarde, as possiblidades de lucro com os novos meios de comunicação, o que desencadeou as primeiras batalhas judiciais para a concessão de patentes. A Radio Corporation of America (RCA) saiu vencedora apenas em 1938, quando anunciou a produção em escala industrial de um novo tipo de televisão econômica. No ano seguinte, a National Broadcasting Company (NBC) inaugurou um serviço de televisão na Feira Mundial de Nova Iorque (Giovannini, 1987, p. 253).

A datar desse ponto, a televisão "estourou" em diversas cidades e continentes: os ingleses aperfeiçoaram sua tecnologia; os alemães, com o sistema *telefunken*, desenvolveram uma televisão em circuito fechado e com receptores domésticos individuais; já os franceses inauguraram, em 1935, sua televisão, instalada na Torre Eiffel (Gontijo, 2004, p. 404).

A televisão começou, assim, a se converter em um importante veículo de comunicação para a sociedade. Em 1936, por exemplo, a coroação do Rei George VI foi transmitida pela British Broadcasting Corporation Television (BBC-T), provando que, dali para a frente, não pararia de se espalhar por todo o mundo, a menos que tal expansão não tivesse sido "interrompida" pela Segunda Guerra Mundial, assunto que abordaremos a seguir.

5.2
A televisão no mundo: uma invenção suspensa pela guerra

Enquanto a Segunda Guerra Mundial praticamente paralisou a continuidade da abertura de novas emissoras de televisão e obrigou várias das já existentes a fechar, nos Estados Unidos, as empresas continuaram a investir. Acerca disso, Squirra (1995, p. 23) relata que, apesar dessa continuidade nos Estados Unidos, houve uma diminuição nas transmissões em todo o país. Somente seis estações conseguiram autorização para continuar funcionando, e as transmissões, com uma programação toda voltada à defesa civil, duravam somente quatro horas por semana. Ainda assim, em 1941, a emissora NBC, de Nova Iorque, exibiu o primeiro comercial televisivo dos Estados Unidos.

A grande expansão televisiva que se anunciava viável só aconteceu, de fato, depois do final da guerra, e dois grandes atrativos a motivaram: "o tubo de imagem *orticon*, introduzido em 1945, que aumentava a sensibilidade da câmera e eliminava a enorme quantidade de luz necessária para a produção de programas, e o fato de a AT&T começar a instalar cabos coaxiais interligando as cidades e permitindo o sistema de rede" (Squirra, 1995, p. 24).

Sobre o exposto, Gontijo (2004) ressalta que, entre os anos de 1945 e 1950, houve um grande investimento na fabricação de receptores e de equipamentos de capacitação e de transmissão de som e imagem. Foi nessa fase, segundo ela, "que os americanos definiram os padrões de transmissão e as mudanças na legislação para a regulamentação do setor" (Gontijo, 2004, p. 404).

Temos de observar, nesse tópico, que a televisão e o rádio – diferentemente do que ocorreu antes com o jornal –, para conseguirem se expandir, precisaram primeiro desenvolver e ampliar as redes de transmissão, os centros produtores de programação e os equipamentos receptores, oferecendo esses últimos inclusive a preços populares, a fim de alcançar a grande massa. As indústrias norte-americanas se prepararam para suprir tais demandas, e, por conseguinte, o crescimento da televisão nos Estados Unidos superou toda e qualquer estimativa otimista.

Preste atenção!

Dados reportados por Gontijo (2004, p. 404) evidenciam que, de 1950 a 1960, o número de televisores passou de 1 milhão para 60 milhões; e, em 1962, a TV já se encontrava em 90% dos lares americanos.

Finda a Segunda Guerra Mundial, principiou a Guerra Fria, polarizando dois países em lados políticos opostos: os Estados Unidos, capitalista, e a União Soviética, socialista. A televisão, em franca expansão, foi utilizada pelos norte-americanos nesse novo embate, disseminando ideias contrárias ao socialismo e, sobretudo, incentivando comportamentos característicos do *american way of life*. Desse modo, a televisão cada vez mais se incorporou à sociedade e virou um instrumento fundamental de divulgação de ideias, sejam elas políticas e econômicas (incitando o consumo), sejam culturais, propagando novos valores morais e éticos.

Esse novo veículo, assim como o rádio nos anos de 1920, inseriu na sociedade uma distinta e inédita maneira de perceber o mundo circundante. A força testemunhal da imagem que passou a chegar aos lares de milhões de pessoas teve o impacto de uma bomba atômica. Assim, tudo o que acontecia começou a ser registrado e transmitido pela televisão.

Importante!

A instantaneidade e a ubiquidade da televisão contribuíram ainda mais para o encurtamento da distância e a derrubada de fronteiras físicas. A transmissão da chegada do homem à Lua, em 1969, é o melhor exemplo dessa nova fase na relação entre meios de comunicação e sociedade.

Não tardou para a programação televisiva começar a se diversificar, com a adição de telejornais ou de programas variados, e exacerbar o caráter de entretenimento dos meios, iniciado pelo rádio. Era/é uma nova modalidade de comunicação na qual várias linguagens se articulavam: a visual, a sonora e mesmo a textual. Vários eram/são também os gêneros de sua programação, que iam/ vão do jornalismo ao humorístico ou musical.

José Arcadio, o protagonista do livro *Cem Anos de Solidão*, de Gabriel Garcia Marques, tinha razão: esta era mesmo a invenção do século, pelo menos a do século XX. Os principais acontecimentos do mundo foram transmitidos pela televisão, como os assassinatos de John Kennedy e de Martin Luther King. Acontecimentos esportivos, como as Olimpíadas e a Copa do Mundo, também começaram a ser televisionados simultaneamente para vários países. Até mesmo a guerra foi transmitida em detalhes. Nesse sentido, Gontijo (2004, p. 405) mostra que, "depois de ver na TV as atrocidades da Guerra do Vietnã, a sociedade americana começou a se questionar sobre a insanidade, a brutalidade e a inutilidade de tantas vidas desperdiçadas".

Tal constatação vem confirmar a afirmação de Wolton (2006) de que cada nascente meio de comunicação possibilita uma experiência democrática maior que o anterior: se, por um lado, a televisão manipulou e impôs um novo modelo político e cultural; por outro, levou informação a um público maior do que o alcançado pelo jornal impresso e pelo rádio. Não havia, então, como segurá-la.

5.3
A televisão no Brasil

> *"A cruz que Anchieta plantou:*
> *Pois dir-se-á que ela hoje acena*
> *Por uma altíssima antena [...]"*.[1]
>
> Guilherme de Almeida

A história da televisão no Brasil passou pelo pioneirismo arrogante e irreverente de uma das principais figuras da comunicação do país: Assis Chateaubriand. O advogado e jornalista construiu um império por meio do jornal impresso e das relações políticas que articulou em torno dele. Em meados dos anos de 1950, era um dos homens mais influentes no cenário nacional, dono de uma rede de vários veículos de comunicação, denominada *Diários e Emissoras Associadas*.

Em uma viagem aos Estados Unidos, viu na televisão uma oportunidade de expandir ainda mais seu império. Assim, fez uma compra de 30 toneladas de equipamentos eletrônicos na RCA Victor,

---

1   Para a leitura integral dessa canção, ver Mattos (2002).

no valor de 5 milhões de dólares, dos quais pagou uma primeira parcela de 500 mil, para instalar a televisão em preto e branco no Brasil. No final da compra, um dos diretores da empresa, David Sarnoff, o levou a Burbank, na Califórnia, e apresentou-lhe a televisão em cores. Chateaubriand não teve dúvida: picou um a um todos os contratos assinados; gritando em inglês: "Não pense que só porque eu venho de um país atrasado o senhor vai me vender equipamento obsoleto, senhor Sarnoff. Só aceito fazer negócio com a Victor se levar transmissores de televisão em cores para o Brasil" (Morais, 1994, p. 497).

A reação inesperada de Chateaubriand obrigou Sarnoff a mandar rebater cada um dos contratos, após a explicação de que a TV em cores ainda estava em fase experimental, não disponível, portanto, para comercialização. Tal episódio deixa claro que a televisão chegou ao Brasil sem que o país estivesse preparado para recebê-la, sem que fosse uma necessidade coletiva. Não havia condições técnicas ou mesmo infraestrutura para sua implantação. Além disso, os aparelhos receptores também não estavam à venda no mercado nacional.

De volta ao Brasil com sua nova aparelhagem, Chateaubriand tratou de preparar a inauguração da TV. Morais (1994, p. 498) relata que, "nas semanas que antecederam a inauguração da primeira emissora, ocorrida no dia 18 de setembro de 1950, a excitação e a ansiedade tomavam conta de todos. Como os ensaios eram realizados sem os equipamentos, era impossível saber se aquilo ia ou não dar certo".

Páginas e páginas de reportagens nos jornais impressos de Chateaubriand acirravam a expectativa, narrando detalhes da preparação para o grande dia da inauguração. Como todo esse esforço não teria o menor sentido se as pessoas não tivessem aparelhos receptores para assistir à inauguração da televisão brasileira, o jornalista ordenou que fossem comprados 200 aparelhos de televisão, nem que fossem de contrabando, para distribuir entre um grupo seleto de personalidades do mundo político e empresários. No dia tão esperado, ao fazer o discurso de inauguração, Sarnoff (citado por Morais, 1994, p. 502) previu: "a televisão dá asas à imaginação, e eu prevejo o dia em que ela nos permitirá percorrer com os olhos toda a terra, de cidade em cidade, de nação em nação".

Às sete em ponto, como tinha sido marcado, o salão do restaurante do Jockey Club fervilhava de gente. Em pontos estratégicos da cidade foram instalados 22 receptores nas vitrines das dezessete lojas revendedoras de televisores, em quatro bares e no saguão dos Diários Associados, na rua Sete de Abril. No estúdio também estava tudo preparado: as três câmeras que iam transmitir o primeiro programa estavam prontas, e no chão as marcações com giz indicavam onde cada artista deveria se colocar. Longe do alcance das lentes, espalhavam-se por todos os cantos as "dálias" – pedaços de cartolina com os lembretes das falas de cada um dos apresentadores e cantores. Suando nas mãos, Walter Foster esperava a luz vermelha da câmera um se acender para pronunciar uma breve mensagem: "Está no ar a PRF-3 TV Tupi de São Paulo, a primeira estação de televisão da América Latina". (Morais, 1994, p. 503)

Os técnicos norte-americanos trazidos por Chateaubriand para "fazer a televisão funcionar" não acreditavam que tamanho improviso pudesse fazer o sucesso que fez. Ao contrário da tragédia que previam, o que se viu, segundo Morais (1994, p. 503), "foi um programa correto do começo ao fim. Improvisado e irresponsável, é certo, mas impecável".

Estava inaugurada a televisão no Brasil. E foi, então, que a TV Tupi iniciou sua trajetória plena de sobressaltos até sucumbir em 1980, devido a uma portaria governamental que lhe cassou a concessão. "Quando a Tupi vai para o espaço, está encerrado/enterrado em definitivo o império jornalístico montado por Chateaubriand a partir da compra de *O Jornal*, em 1924" (Costa; Simões; Kehl, 1986, p. 14).

Curiosidade

A história da televisão brasileira pode ser narrada de diversas formas, por exemplo, priorizando seus protagonistas, à semelhança do que fazem Morais (1994), na biografia de Assis Chateaubriand, e Bial (2004), ao narrar a vida de Roberto Marinho; ou ter como ponto central a trajetória das principais emissoras, perspectiva adotada pela obra de Costa, Simões e Kehl (1986).

Mantendo o foco na história social de cada novo meio de comunicação, destacamos aqui as principais mudanças causadas na sociedade brasileira pela chegada da televisão.

A primeira delas foi de ordem econômica, como aponta Caparelli (1982), que relaciona a história da televisão brasileira com o sistema capitalista de produção. Em sua análise, o autor explica que, se o início do rádio no Brasil representou um primeiro estremecimento do país na "nova ordem econômica mundial", o advento da televisão marcou uma "reordenação do mercado brasileiro com a irrupção do capitalismo monopolista" (Caparelli, 1982, p. 18). Diz ele: "o mercado é reorganizado – bem como o sistema de produção – através das operações comerciais, financeiras e industriais da grande corporação, principalmente estrangeira" (Caparelli, 1982, p. 18).

O autor explana que, no cenário mundial, a década de 1950 registrou um movimento internacional de capitais, caracterizado pela sua transferência do centro para a periferia. Essas mudanças na economia mundial provocaram, no cenário nacional, transformações no comportamento social, político e econômico. "Internamente, vai existir uma fragmentação estrutural, com setores econômicos avançados em ligação estreita com o modo capitalista internacional de produção, coexistindo com setores econômicos e sociais atrasados, no papel de colônias internas" (Caparelli, 1982, p. 19).

Em sua análise, o autor aponta ainda que a história da televisão, no Brasil, pode ser dividida em duas fases. A primeira delas é a do capital nacional, oligopólio de Assis Chateaubriand, representado pelos associados e caracterizado por posturas empresariais retrógradas. A segunda é a do capital internacional, capitaneada pelo Grupo Globo, que, após um acordo com o grupo *Time/Life*, modernizou sua produção, transformando-se no maior expoente da indústria cultural brasileira a partir, sobretudo, dos anos de 1970.[2]

---

2   Autores como Sérgio Caparelli, Gabriel Priori e César Bolagno explicam, em suas obras, no que consiste exatamente essa modernização da televisão brasileira.

Importante!

Nesse cenário dos primórdios da televisão brasileira, em que as emissoras tinham abrangência local, a maior parte da sua programação era improvisada e feita com artistas e jornalistas vindos do sucesso no rádio. Do ponto de vista técnico, alguns avanços, como o *videotape*, ainda não existiam, o que obrigava as emissoras a fazerem transmissões ao vivo, caracterizadas por muitos atropelos e contratempos.

Comercialmente falando, a televisão ainda não despertava o interesse dos anunciantes nacionais, assim, seus espaços e patrocínios eram adquiridos por empresas multinacionais que aqui chegavam para implantar a tal nova ordem mundial citada por Caparelli (1982).

Nessa fase da história, a TV Tupi tinha a supremacia e seus programas eram os mais comentados e conhecidos, entre os quais temos os seguintes exemplos: *TV de vanguarda* (SP), *Grande Teatro Tupi* (SP), *Teatro Cássio Muniz* (RJ), *Clube dos artistas* (SP/RJ), *Almoço com as estrelas* (RJ/SP), *Alô, doçura!* (SP), *Sítio do pica-pau amarelo* (SP), *Câmera um* (RJ), *O céu é o limite* (SP/RJ), além de transmissões esportivas, que são os principais programas desse meio desde 1951 (Costa; Simões; Kehl, 1986, p. 29).

Costa, Simões e Kehl (1986, p. 39) afirmam, acerca da temática aqui discutida, que "a televisão a que se assiste nos anos 1950 – e a Tupi é a expressão mais significativa – vai se desenvolvendo na base do empirismo, tateando em busca de uma identidade própria, uma linguagem específica em meio ao prestígio do teatro e popularidade do cinema estrangeiro e rádio brasileiro". Mattelart e Mattelart (1998, p. 36), por sua vez, mencionam que a televisão "assumirá um papel enquanto agente unificador da sociedade brasileira. Aparecendo como o mais recente produto das tecnologias de comunicação, progressivamente colocará na pauta das estratégias comerciais e estatais a problemática de redes de comunicação e da integração nacional".

Nas duas primeiras décadas de funcionamento da TV, que correspondem aos anos de 1950 a 1960, parte das estratégias comerciais adotadas consistia em "ensinar" a população brasileira que migrava maciçamente do campo para as cidades a consumir determinados produtos lançados no mercado. Os anúncios, de uma maneira geral, eram toscos: utilizavam, por exemplo, garotas-propaganda, que deviam lidar com a precariedade técnica daquela época; ou davam voz a especialistas, como médicos, que iam à TV atestar as qualidades dos novos produtos que chegavam ao mercado, como um achocolatado, por exemplo.

O *videotape* passou a ser utilizado regularmente no Brasil a partir de 1962, gerando profundas alterações na sistemática interna das emissoras. Elas, então, vão "credenciá-lo como divisor de águas na história da televisão brasileira" (Costa; Simões; Kehl, 1982, p. 50). Segundo os mesmos autores,

> O fato inegável é que o VT muda a lógica operacional da televisão, multiplicando a sua rentabilidade e tornando-a apta a disputar novos mercados publicitários. [...] Com o VT é possível levar as imagens a pontos diferentes do país, quase simultaneamente. [...] Os novos recursos técnicos permitem um

melhor acabamento aos programas, enquanto se promovem reformulações internas nas emissoras.

A integração nacional à qual se refere Mattelart (1998), citado há pouco, só foi possível a partir da década de 1960, principalmente depois do golpe militar de 1964. Em uma aliança tácita com a Rede Globo de Televisão, que alçava seus primeiros voos, o governo militar criou as bases infraestruturais para que o canal de televisão chegasse a todos os pontos do país. Com isso, em 1º de setembro de 1969, foi ao ar o *Jornal Nacional*[3], o primeiro programa de televisão a ser transmitido em cadeia nacional. Silva (1985, p. 38-39) assim o descreve:

> Ele inaugurou um novo estilo de jornalismo na TV brasileira. Primeiro, por iniciar a era do jornal em rede nacional até então inédito entre nós. Depois, por consolidar um modelo *timing* da informação em que a fragmentação dos fatos em espaços de tempo curtíssimos e a obsessão pelo que ocorre "agora" é tão grande [sic] que chega ao ponto de quase eliminar informações de *background* que ajudariam o espectador a localizar-se e transformar o noticiário numa espécie de telenovela de fatos reais na qual o espectador que perde um dia do "enredo" sente dificuldades de situar-se diante deles no dia seguinte porque as informações pressupõem a audiência ao programa de véspera.

---

3   O consagrado programa radiofônico *Repórter Esso* já havia sido trazido para a televisão e era um sucesso nessa época, mas sua abrangência era somente local.

Fique atento!

Com o lançamento do *Jornal Nacional*, criou-se o chamado *horário nobre* na programação televisiva brasileira, no qual o telejornal funciona como o "recheio" situado entre duas novelas – nesta época, já um produto consagrado e de grande audiência –, cujos intervalos comerciais eram e ainda são os mais caros de toda a programação.

A verticalização da programação televisiva, que segmentou a comercialização de anúncios por faixa de horários e público, e a criação desse bloco das oito horas impulsionaram os índices de audiência e, consequentemente, o desenvolvimento econômico da Rede Globo de Televisão, que passou a ser chamada, já nos anos de 1970, de *Vênus Platinada*.

Mais do que um sucesso comercial e de audiência, a televisão ocupou um lugar de destaque na sociedade brasileira, a ponto de Bucci (1997, p. 11) afirmar:

> O espaço público no Brasil começa e termina nos limites postos pela televisão. [...] Dentro desses limites, o país se informa sobre si mesmo, situa-se dentro do mundo e se reconhece como unidade. Diante da tela, os brasileiros torcem unidos nos eventos esportivos, choram unidos nas tragédias, acham graça, unidos, dos palhaços que aparecem. Divertem-se e se emocionam. [...] A televisão consolida, com suas novelas, seus noticiários e seus programas de auditório, os trejeitos e gestos dos apaixonados nas cidades do interior, o modo de vestir, de olhar ou não olhar para o vizinho.

Segundo pontua Ortiz (1994) e como também frisamos anteriormente, isso aconteceu sob a égide da ideologia militar, que alinhou, durante seu governo, as bases de um mercado de bens simbólicos favoráveis aos seus ideais de segurança e integração nacional. Nesse regime, a expansão das atividades culturais se associou, então, a um controle estrito das manifestações que se contrapunham ao pensamento autoritário dos militares.

De um lado, foram criadas e incentivadas instituições para dar apoio e consolidar a política cultural do governo, como a Embrafilme (Empresa Brasileira de Filmes) e a Funarte (Fundação Nacional de Artes); de outro, programas, peças teatrais e outras produções que contestaram esse pensamento foram censurados, e os artistas por eles responsáveis foram, em muitos casos, exilados. Assim,

> a ideia da "integração nacional" é central para a realização desta ideologia que impulsiona os militares a promover toda uma transformação na esfera das comunicações. Porém, como simultaneamente este Estado atua e privilegia a área econômica, os frutos deste investimento serão colhidos pelos grupos empresariais televisivos. (Ortiz, 1994, p. 118)

Os saldos desse investimento transformaram a indústria televisiva brasileira, em especial a Rede Globo de Televisão, em uma das mais bem-sucedidas do mundo. Nessa perspectiva, Mattelart e Mattelart (1998) frisa que, já nos anos de 1980, a televisão brasileira era uma das mais competitivas do mundo. Para mensurar o seu sucesso, a referida emissora utilizava os dados do Instituto

Brasileiro de Opinião Pública (Ibope), criado em 1942, que mede e atribui pontos a cada programa televisivo.

Curiosidade

A Globo, de acordo com Mattelart (1998), foi a primeira emissora de TV a atribuir ao Ibope uma importância capital, sendo cliente assídua das sondagens dessa instituição. Posteriormente, ela criou seus próprios departamentos de pesquisa e análise, o que lhe permite hoje fazer por si mesma o acompanhamento da audiência de toda sua programação.

O controle e a medição de audiência são apenas indicadores do processo de profissionalização e sofisticação pelo qual a televisão brasileira passou, criando, desse modo, um padrão estético de qualidade que a colocou em primeiro lugar na preferência nacional. Ela assumiu o papel de detentora da maior verba publicitária nacional e desenvolveu no público um alto nível de exigência. Nesse panorama, a Globo conseguiu em pouco tempo ser uma das poucas empresas no mundo a ter autonomia na sua programação e a conseguir ficar no ar 24 horas ininterruptas apenas com o que produz em termos de jornalismo e entretenimento.

O sucesso da televisão impulsionou os meios de comunicação como um todo, e, sem sombra de dúvida, o final do século XX foi de esplendor e popularidade para diversos outros. Nesse sentido, os jornais impressos se adequaram à era televisiva, revigorando sua diagramação e tornando seus textos mais ágeis e ilustrados. Já as rádios se especializaram na função de prestadoras de serviços, e várias revistas segmentadas também foram criadas. Enquanto isso, peças teatrais se beneficiaram do sucesso de atores "globais", e até mesmo o cinema, sem muitos incentivos governamentais, exibiu produções de grande sucesso graças à popularidade alcançada por seus atores e diretores na televisão.

Síntese

Ideia central: A invenção da televisão resultou de um conjunto de descobertas de várias áreas do conhecimento feitas a partir do século XVIII. Sua popularização está diretamente atrelada ao desenvolvimento capitalista após a Segunda Guerra Mundial e a criação de uma nova ordem econômica mundial.

A invenção da televisão

Período: As primeiras descobertas da "televisão" – visão a distância – ocorreram a datar da segunda metade do século XIX. Já a popularização desta no mundo e no Brasil ocorreu apenas no final da Segunda Guerra Mundial, por volta dos anos de 1950.

Contexto social: A sociedade passou a utilizar descobertas científicas que conduziram ao desenvolvimento industrial e transformaram a vida urbana, como a eletricidade, por exemplo. Grandes conglomerados urbanos e a Guerra Fria também caracterizaram o cenário no qual a televisão se transformou no maior meio de comunicação e entretenimento da sociedade.

A televisão

Principais meios de comunicação: O sucesso do jornal impresso, cujo período de ouro foi até os anos de 1920, cedeu lugar ao esplendor das rádios populares, que introduziram na sociedade o entretenimento como principal produto da indústria cultural.

Materiais utilizados: Para funcionar, a televisão, assim como o rádio, precisava da concessão de um canal pelo Estado, de uma estação transmissora de sinal e de aparelhos receptores. Por isso, ela só foi viabilizada na qualidade de meio de comunicação de massa quando a indústria eletroeletrônica começou a investir na produção massiva de aparelhos receptores, o que só aconteceu por volta de 1950.

Uso social dos meios de comunicação: A televisão, no mundo e no Brasil, serviu como uma importante vitrine dos produtos da indústria em franca expansão após a Segunda Guerra Mundial. Como veículo de comunicação de massa, ela atenuou/superou distâncias e imprimiu novo ritmo à sociedade moderna, propagando novas concepções e comportamentos. No Brasil, contribuiu para a criação do sentimento de pertencimento a uma nação, conectando povos distantes em um país de extensas dimensões territoriais.

Novas tecnologias: As tecnologias ligadas à televisão não pararam de evoluir no século XX. Elas compreendem desde os novos aparelhos para captação de som e imagem, que tornaram a televisão mais ágil e abrangente, capaz de estar em todo e qualquer lugar e tempo, até as tecnologias de edição e recepção da programação.

Para saber mais

A televisão, na condição de veículo de comunicação, merece um estudo à parte, por todas as mudanças que introduziu na sociedade moderna. A televisão no Brasil mais ainda, por ter se tornado uma das maiores expressões da identidade nacional e por constituir uma das áreas empresariais mais bem-sucedidas. Nesse sentido, várias abordagens sobre esse fenômeno comunicacional enriquecem nossa compreensão sobre sua importância na história da comunicação. Por isso, sugerimos aqui, primeiramente, o livro de Sérgio Caparelli, *Televisão e capitalismo no Brasil*, que apresenta um estudo pormenorizado do surgimento da televisão e de sua relação com a inclusão do Brasil em uma nova ordem econômica mundial. É uma obra imprescindível para se compreender a articulação entre as dimensões da comunicação explicitadas desde o primeiro capítulo deste livro.

CAPARELLI, S. **Televisão e capitalismo no Brasil**. Porto Alegre: L&PM, 1982.

Outro livro fundamental para quem quer entender a trama da comunicação no Brasil é a biografia *Chatô, o rei do Brasil*, na qual Fernando Morais conta episódios da vida de Assis Chateaubriand. O livro é fundamental para a compreensão da atuação dos jornais e até mesmo das rádios nos anos de 1930 a 1950. Mas, sem dúvida alguma, é muito pertinente para se entender como a televisão chegou ao Brasil, uma vez que narra a trajetória daquele que é conhecido como o "pai da televisão nacional".

MORAIS, F. **Chatô, o rei do Brasil**. São Paulo: Companhia das Letras, 1994.

O Carnaval das imagens, do casal Michèle e Armand Mattelart, é outra obra que complementa o estudo sobre a história da televisão no Brasil, destacando, sobretudo, a importância social da Rede Globo de Televisão no contexto em que se desenvolveu e se transmutou em uma das principais empresas do mundo.

MATTELART, M.; MATTELART, A. **O Carnaval das imagens**: a ficção na TV. Tradução de Suzana Calazans. 2. ed. São Paulo: Brasiliense, 1998.

Para compreender um pouco mais do percurso transcorrido pelas emissoras de televisão, o livro *Um país no ar*, de Costa, Simões e Kehl, é uma boa referência. Três grandes textos independentes, mas conectados, contam a história da TV Tupi, da TV Rio e da telenovela.

COSTA, A. H. da; SIMÕES, I. F.; KEHL, M. R. **Um país no ar**: história da TV brasileira em três canais. São Paulo: Brasiliense, 1986.

Sobre telejornalismo, principalmente sobre o *Jornal Nacional*, a obra de Lins da Silva, *Muito além do Jardim Botânico*, não apenas tece uma análise profunda sobre a produção da indústria cultural brasileira, como também se tornou um marco nos estudos de recepção.

SILVA, C. E. L. da. **Muito além do Jardim Botânico**: um estudo sobre a audiência do Jornal Nacional da Globo entre trabalhadores. São Paulo: Summus, 1985.

Finalmente, a obra de Eugênio Bucci, *Brasil em tempo de TV*, apresenta ao leitor, por meio de crônicas reunidas em uma só obra, uma análise crítica e bem fundamentada do sentido social da televisão na sociedade.

BUCCI, E. **Brasil em tempo de TV**. São Paulo: Boitempo, 1997.

Há ainda uma vasta bibliografia sobre a televisão brasileira, composta por biografias, dissertações e teses que foram transformadas em livros (algumas permanecem disponíveis em bancos de dados), assim como por livros de entrevistas com os protagonistas dessa história, almanaques e obras ilustradas. Alguns filmes também têm a televisão como tema central. Veja as indicações a seguir:

BYE BYE Brasil. Direção: Carlos Diegues. Brasil, 1979. 110 min.

Nesse longa, acompanhamos as apresentações de três artistas da Caravana Rolidei por todos o país. Tal produção retrata, de forma divertida e realista, a sociedade brasileira no momento em que a televisão se transformou em um fenômeno midiático.

O SHOW de Truman. Direção: Peter Weir. EUA, 1998. 103 min.

O filme faz uma crítica à vigilância constante da televisão em todos os momentos da vida do homem, ao mostrar Truman Burbank, um simples vendedor de seguros, descobrindo que toda sua existência foi monitorada e transmitida em rede nacional.

MUITO ALÉM do jardim. Direção: Hal Ashby. EUA, 1979. 130 min.

A trama apresenta uma reflexão sobre a sociedade da aparência e da superficialidade ao mostrar a história de Chance, um jardineiro que cresceu isolado na casa de seus patrões e só conhece do mundo circundante o que já viu na TV. Então, Chance é demitido e precisará desbravar uma realidade nova e perigosa.

A televisão

Questões para revisão

1. Sobre os primórdios da televisão, assinale V (verdadeiro) ou F (falso) nas alternativas a seguir:

    ( ) A invenção da televisão resultou de um conjunto de descobertas, como a fotografia e a eletricidade.

    ( ) A televisão foi inventada a pedido do exército norte-americano, que intencionava ter um instrumento de comunicação que não usasse a eletricidade.

    ( ) Em 1883, Albert Robida inseriu em seu romance de ficção científica um maquinismo para a visão a distância chamado *telefonescópio*.

    ( ) Antes mesmo do início da Segunda Guerra, em alguns países da Europa já existiam emissoras de televisão funcionando regularmente.

    ( ) Logo de início, como resultado da popularidade do rádio, já havia a consciência de que a televisão seria uma nova forma social de comunicação de massa.

    ( ) Apesar de ter sido criada no período entre guerras, a televisão só se desenvolveu graças ao avanço tecnológico alcançado pela Europa no século XX.

    ( ) Em 1936, a Inglaterra estreou um serviço regular de televisão, precedendo até mesmo os norte-americanos.

    ( ) A verdadeira "civilização televisiva" no mundo todo teve início após o fim da Segunda Guerra Mundial, em plena Guerra Fria.

( ) A televisão, a partir do fim da Segunda Guerra Mundial, tornou-se um instrumento de expansão do sistema capitalista de produção, sobretudo nos países subdesenvolvidos.

( ) A televisão se inseriu no vazio entre cidade e campo, entre o mundo urbano e o rural, para justamente os aproximar.

2. Sobre a televisão no Brasil, assinale V (verdadeiro) ou F (falso) nas alternativas a seguir:

( ) Em meados dos anos de 1950, Assis Chateaubriand, um dos homens mais influentes no cenário nacional, foi aos Estados Unidos e decidiu importar aparelhos de televisão para o Brasil.

( ) A chegada da televisão ao Brasil coincidiu com a expectativa da população por uma nova forma de conhecimento e também com a expansão técnica na área que permitiu ao novo veículo alcançar todos os cantos do país.

( ) A chegada da televisão marcou uma reordenação do mercado brasileiro, com a irrupção do capitalismo monopolista.

( ) A televisão no Brasil prosperou rapidamente porque, desde o seu início, empresários nacionais apostaram nela, investindo grandes verbas em anúncios publicitários.

( ) Devido ao sucesso do rádio, já queridinho das massas populares nos anos de 1950, a televisão começou com um alto padrão técnico e de qualidade estética.

3. Assinale a alternativa incorreta sobre a história da televisão no Brasil:

a) O *videotape*, utilizado no Brasil a partir de 1982, provocou profundas mudanças na programação televisiva brasileira.

b) A ideologia militar alinhou, durante o seu governo, as bases de um mercado de bens simbólicos favoráveis aos seus ideais de segurança e integração nacional, tendo a televisão como seu principal veículo de comunicação.

c) Em 1º de setembro de 1969, foi ao ar o *Jornal Nacional*, o primeiro programa de televisão a ser transmitido em cadeia nacional.

d) O "bloco das oito", formado por novela-telejornal-novela, criou o horário nobre da televisão brasileira, que alavancou a verba publicitária do horário e criou um pensamento hegemônico, como uma espécie de síntese da sociedade brasileira.

4. Fundamentando-se no conteúdo deste capítulo, aponte as peculiaridades da televisão no Brasil em relação às da Europa e dos Estados Unidos.

5. Cite três características da linguagem televisiva que a diferenciam das dos demais meios de comunicação existentes até então.

Questões para reflexão

1. "Assistir à televisão é um dos modos mais difundidos de usar o tempo livre, e quase sempre o principal, como ocorre nos Estados Unidos, onde entre 37 atividades primárias que dividem a jornada média, assistir à televisão ocupa o terceiro lugar, logo após o sono e o trabalho" (Giovannini, 1987, p. 263).

   Ou seja, a televisão provocou uma profunda mudança no comportamento das famílias a partir da Segunda Guerra Mundial. Partindo de três exemplos práticos, explique de que forma esse meio mudou os hábitos de consumo, de relacionamento social e de participação política da população no Brasil e no mundo. Aproveite para tecer também considerações sobre a influência exercida pela televisão nos dias atuais.

2. Tornou-se comum, principalmente no meio acadêmico, tecer inúmeras críticas à televisão brasileira, atribuindo-lhe o papel de "manipuladora" de opiniões e de votos. O sociólogo francês Dominique Wolton saiu em sua defesa e afirmou que a televisão aberta é um importante canal de democracia, ao transmitir o mesmo tipo de informação e de programação para todas as classes sociais, indiscriminadamente.

   Considerando o exposto, faça uma pesquisa sobre a televisão no Brasil e aponte pelo menos dois episódios nos quais o papel dela foi fundamental para a propagação de informação e a tomada de consciência da população sobre algum tipo de problema contextual.

3. No livro *Brasil em tempo de TV*, Eugênio Bucci apresenta, a partir da página 28, o que denomina *algumas leis não escritas da televisão brasileira*. Dentre elas, destaca duas: 1) a novela das 9h representa uma espécie de síntese da sociedade brasileira que apresenta temas de relevância política e social; 2) o telejornal *Jornal Nacional* incorpora características da teledramaturgia, dramatizando a narração dos fatos. Conforme o referido autor, esses dois aspectos/leis da programação noturna brasileira podem induzir o telespectador a misturar realidade com ficção, dificultando, assim, o entendimento do que se passa realmente no país. Você concorda com essa opinião? Justifique sua resposta. Em seguida, elabore também um esboço de "algumas leis" que, para você, poderiam ser adotadas pelas políticas públicas e pelas emissoras de televisão a fim de que esse veículo se torne, de fato, um aliado da população e um sustentáculo da democracia.

Capítulo
06

Os meios de comunicação na era digital

Conteúdos do capítulo:

- As tecnologias digitais da comunicação e da informação.
- As mudanças sociais introduzidas pela comunicação digital.
- As mudanças provocadas pelas tecnologias digitais nos meios de comunicação em geral.
- As novas linguagens comunicacionais introduzidas pelas tecnologias da informação.

Após o estudo deste capítulo, você será capaz de:

1. identificar as diferentes linguagens dos meios de comunicação de massa;
2. contextualizar as condições sociais que possibilitaram a criação das NTICs (novas tecnologias da informação e da comunicação);
3. analisar e compreender os impactos dos fluxos de comunicação na sociedade cada vez mais globalizada do século XXI.

O relato da história da comunicação confirma a afirmação de Edgar Morin (1997) de que o século XX é mesmo o século da cultura de massa. O esplendor do rádio e a explosão da televisão comprovaram que o sociólogo francês sabia do que estava falando. Ocorreu depois algo parecido com o que aconteceu na Idade Média, que gestou em seu período de "trevas" as grandes invenções que culminaram na Revolução Industrial. Porém, no século XX, além da indústria cultural, uma outra revolução tecnológica se colocou em curso: a dos meios digitais de comunicação.

Mattelart (2002, p. 9) aponta que "o poder miraculoso" das tecnologias informacionais, que veio a público na segunda metade do século XX, foi uma obra de longo prazo iniciada desde a utopia de uma língua universal.

Importante!

As descobertas tecnológicas do século XIX possibilitaram a ideia de uma "aldeia global". Já a conquista da *cyber* fronteira, vivenciada depois da Segunda Guerra, fez ascender as noções de sociedade da informação, indissociável, por sua vez, do conceito de aldeia global.

Durante todos os demais capítulos, foi possível percebermos que, à medida que o homem evoluiu como ser humano, produziu tecnologias que marcaram épocas e determinaram diferentes modos de viver. Tais marcos no tempo foram se tornando cada vez menos espaçados, dado o caráter de cada uma dessas novas formas de comunicação. Neste sexto e último capítulo do livro, o conteúdo que abordaremos diz respeito às tecnologias digitais, o que por si só já anuncia a sua incompletude. É impossível dar conta, aqui, da história de tecnologias em franca expansão e com tamanho poder transformador.

As tecnologias digitais revolucionaram tudo o que se tinha até então, criando novas relações do homem com o tempo, com a produção de riqueza e com o outro. Novos sentidos sociais, novas formas de trabalho, novas barreiras de espaço e tempo são ainda muito recentes para que se possa analisar com profundidade seu impacto. Este capítulo traz um pouco de tudo isso, um panorama geral, sem a pretensão, é claro, de apresentar uma conclusão.

Procuramos, aqui, apontar marcos cronológicos e suas respectivas descobertas e, ao mesmo tempo, questionar o impacto social de cada uma delas. Em uma tentativa de classificar tais marcos, consideramos três principais: i) os estudos matemáticos dos séculos XVII e XVIII, como uma espécie de "pré-história" das tecnologias digitais, os quais foram indispensáveis para o desenvolvimento dos computadores no século XX; ii) o período correspondente à Segunda Guerra

Mundial; e, finalmente, iii) a criação das redes sociais na primeira década do século XXI. Esse relato histórico mostrará como esses três, a seu tempo, tinham objetivos definidos e provocaram mudanças nas formas de comunicação da sociedade, ocasionando também transformações de ordem social, política e econômica.

O enfoque deste último capítulo recairá nas chamadas *novas tecnologias da comunicação* – embora não tão novas assim, porém ainda surpreendentes –, nas tecnologias digitais, na criação das redes, na conexão feita em um mundo cada vez mais virtual e *on-line*. As histórias do homem, da comunicação e da informação não estão finalizadas e, a contar pelo que anunciam as tecnologias do século XXI, a emoção está apenas começando.

6.1
Breve história dos computadores e das redes

No intuito de descrever a história da sociedade da informação, Mattelart (2002) busca referências nos séculos XVII e XVIII e destaca o esforço dos matemáticos da época para criar uma linguagem numérica que, posteriormente, foi fundamental para o progresso da informática tal como criada no século XX. Outros pesquisadores apontam também os meios de cálculo e a linguagem matemática como precursores da revolução digital promovida pelos computadores já na primeira década do século XXI.

Giovannini (1987, p. 284) explica que "a chave do computador moderno, isto é, o conceito de programa memorizado, consiste no fato de que as informações que caracterizam um problema podem ser codificadas de forma numérica, elaboradas e alteradas pelo próprio computador com base nos resultados intermediários do cálculo". Por isso, a importância de se considerar os avanços matemáticos elencados há pouco.

Ainda segundo o autor, o percurso percorrido pelo homem até chegar ao computador remonta às origens da ciência moderna, entre os séculos XVI e XVII, quando houve uma das mais extraordinárias concentrações de inteligências, a qual culminou em duas sínteses, ou seja, em duas "fusões" fundamentais entre disciplinas já existentes e conhecidas.

A primeira das sínteses foi empreendida por Galileu, que fez confluir as ciências experimentais da natureza e a matemática, fator determinante para todos os desenvolvimentos sucessivos das ciências e das tecnologias modernas (Giovannini, 1987). A segunda, na explanação de Giovannini (1987), foi efetuada por Descartes, que, no início de 1600, com a descoberta da geometria analítica, fez convergir para o mesmo canal a álgebra e a geometria, vindas, respectivamente, das antigas civilizações indiana e chinesa e da cultura grega.

Ao se alicerçar nessas *"pedras milenares"*, como denomina Giovannini (1987), abriu-se caminho para a criação dos mais antigos "progenitores" do computador. Nesse cenário de estudos e descobertas, o autor destaca invenções como uma máquina de somar e diminuir criada por Blaise Pascal e a roda dentada de Leibniz, que permitia, além das de soma e subtração, as operações de multiplicação e divisão. Depois de 150 anos da criação de Leibniz, "o matemático inglês Charles Babbage projetou uma máquina que, embora nunca tenha sido executada, lhe garantiria o reconhecimento da paternidade do moderno computador" (Giovannini, 1987, p. 285).

Outros passos e avanços técnicos foram dados pelas ciências matemáticas nos anos seguintes, porém foi durante a Segunda Guerra Mundial, que aqui denominamos *segundo marco dos meios digitais*, que houve uma retomada intensa de esforços e investimentos na busca das chamadas *máquinas inteligentes*. Mattelart (2002, p. 55) destaca que, no final do conflito, três questões emergiram a respeito do estatuto do universo técnico informacional:

1. Em que medida as lógicas de enfrentamento planetário entre leste e oeste configuram o quadro geopolítico no qual se desenvolve a inovação técnica?
2. Quais são os termos do debate sobre a definição da noção soberana de "informação"?
3. Que lugar ocupam as novas tecnologias da memória na história das civilizações?

Ao propor questionamentos como esses, Mattelart (2002) demonstra como as tecnologias, sobretudo a partir do século XX, adquiriram papel determinante nas relações internacionais, alterando o jogo de forças entre países do leste e do oeste e criando novos significados para a informação. Essas tecnologias modificaram não apenas a economia, mas também as culturas locais, que ganharam novas e diferentes representações, ressignificadas no mundo globalizado. Em outras palavras, a criação e a popularização do computador promoveram o reordenamento político e econômico após a Segunda Guerra e alteraram os fluxos de informação, cada vez mais essenciais para alimentar a nova ordem mundial em vigor entre as nações e continentes.

Para saber mais

Para saber mais sobre as mudanças introduzidas na cultura a partir da segunda metade do século XX, leia a seguinte obra:

CANCLINI, N. G. **Consumidores e cidadãos**: conflitos multiculturais da globalização. Tradução de Maurício Santana Dias e Javier Rapp. 4. ed. Rio de Janeiro: Ed. da UFRJ, 1999.

Ao narrar a emergência do ciberespaço nesse período, Lévy (1999, p. 31) descreve que os primeiros computadores (calculadoras programáveis capazes de armazenar os programas) surgiram na Inglaterra e nos Estados Unidos, em 1945. Inicialmente, como já havia acontecido com a descoberta do rádio, essas novas máquinas ficaram reservadas ao uso militar. Em 1946, por exemplo, surgiu o Eniac, um computador digital criado para efetuar cálculos de balística para o exército americano e desempenhar outras funções que demandassem o armazenamento e o processamento de dados. Essa invenção marcou o início da informatização.

Lévy (1999, p. 31) assim define esse primeiro momento:

Os computadores ainda eram grandes máquinas de calcular, frágeis, isoladas em salas refrigeradas, que cientistas em uniformes brancos alimentavam com cartões perfurados e que de tempos em tempos cuspiam listagens ilegíveis. A informática servia aos cálculos científicos, às estatísticas dos Estados e das grandes empresas ou a tarefas pesadas de gerenciamento (folhas de pagamento etc.).

Em 1962, foi criada por Bob Taylor e Larry Roberts a primeira rede operacional de computadores do Departamento de Defesa Americano, a Arpanet (*Advanced Research Projects Agency Network*), que é considerada a precursora da internet e surgiu como consequência de uma estratégia militar para preservar a comunicação em caso de ataque nuclear. Ela conectava especificamente dois laboratórios de pesquisa e, na época, devido a esse invento inicial, cogitava-se até a elaboração de uma rede intergaláctica de computadores (*Intergalactic Computer Network*).

Conforme Gontijo (2004), essa rede, utilizando a tecnologia de comutação de pacotes, era independente de centros de comando e controle. Dessa maneira, permitia que, mesmo com parte do sistema destruído, as unidades de mensagem encontrassem suas rotas ao longo da rede, podendo, inclusive, ser remontadas com sentido coerente em qualquer ponto dela. Aos poucos, essa rede começou a ser empregada também para intercâmbio científico e, finalmente, para mensagens pessoais.

Outra iniciativa estatal que, posteriormente, fomentou o processo de democratização da internet foi o Minitel, na França. De acordo com Gontijo (2004, p. 437), o Minitel foi um sistema de videotexto projetado pela companhia telefônica francesa (Telecom), inicialmente como substituto da lista telefônica, mas que, aos poucos, foi prestando outros serviços, como previsão do tempo, compra de ingressos para *shows* e espetáculos, compra de passagens, até possibilitar linhas de bate-papo.

O progresso seguinte nesse campo foi a criação do correio eletrônico em 1965, possibilitado pelo trabalho de desenvolvimento da linguagem *Basic* realizado por John Kemeny e Thomas Kurtz. Com isso, em 29 de outubro de 1969, também nos Estados Unidos, houve a transmissão do primeiro *e-mail*. Quanto ao termo *internet*, foi utilizado pela primeira vez no ano seguinte, em 1970, pelo matemático Vinton Cerf.

Data da década de 1970 a guinada fundamental dessa nova forma de comunicação, quando, segundo Lévy (1999), surgiram os primeiros microprocessadores e foi possível a criação dos *personal computers* (PCs). Depois, os computadores de mesa evoluíram para os portáteis *laptops*, cada vez mais leves, ágeis e com capacidade de armazenar e processar mais dados (Gontijo, 2004, p. 436).

A partir desse ponto, o ritmo da evolução dos computadores tornou-se cada vez mais acelerado. Nas palavras de Giovannini (1987, p. 290), "passa-se de alguns milhares de transistores por *chip* em 1970 a dezenas de milhares em 1975 e a uma centena de milhares nos primeiros anos da década de 1980".

Fique atento!

O mercado mundial de circuitos integrados desenvolveu-se nos anos 1970 com taxas de aumento médio de 35% ao ano, até alcançar, em 1980, os 6 bilhões de dólares. Paralelamente ao desenvolvimento do mercado, ocorreu uma diminuição da mesma ordem de grandeza do custo por unidade de função, permitindo a popularização do uso do computador, como já acontecera com o rádio e a televisão.

Na década seguinte, final dos anos 1980 e início dos anos 1990, os novos e diversos usos da informática, para além do setor militar, originaram, como destaca Lévy (1999), um novo movimento sociocultural criado pelos jovens profissionais das grandes metrópoles e dos campos americanos. Diz ele:

> Sem que nenhuma instância dirigisse esse processo, as diferentes redes de computadores que se formaram desde o final dos anos 70 se juntaram umas às outras enquanto o número de pessoas e de computadores conectados à inter-rede começou a crescer de forma exponencial. Como no caso da invenção do computador pessoal, uma corrente cultural espontânea e imprevisível impôs um novo curso ao desenvolvimento técnico-econômico. As tecnologias digitais surgiram, então, como a infraestrutura do ciberespaço, novo espaço de comunicação, de sociabilidade, de organização e de transação, mas também novo mercado da informação e do conhecimento. (Lévy, 1999, p. 32)

Castells (citado por Gontijo, 2004, p. 437) completa explicando que o "sistema de redes surgiu em grande escala como redes locais e redes regionais conectadas entre si e começou a se expandir para qualquer lugar onde houvesse linhas telefônicas e computadores munidos dos equipamentos baratos chamados *modens*".

A partir da década de 1990, houve uma série de situações, aqui concebidas como terceiro marco das tecnologias digitais, que consolidou o sistema de redes responsável por interferir na comunicação do século XXI.

Em 1989, foi desenvolvida a WWW (*World Wide Web*), ou seja, a interface gráfica da internet como a conhecemos hoje e que, em 1997, atingiu a marca de 1 milhão de *sites* registrados no mundo (Internet, 2020). Nesse mesmo ano, a expressão *cloud computing* (computação em nuvem) foi empregada pela primeira vez. Já em 1998, Larry Page e Sergey Brin fundaram a empresa Google, enquanto Jorn Barger criou os primeiros *weblogs*. Com esse último recurso, que é um espaço para publicação e compartilhamento instantâneo de informações por categoria temática e em ordem cronológica, o qual rapidamente tornou-se acessível a um grande percentual de pessoas, os usuários publicaram imagens, vídeos, pequenos textos etc. sobre seu próprio cotidiano e diversos assuntos, fato que conferiu a essa plataforma o título de *diários on-line*. Os *blogs* também começaram depois a servir a fins educativos, políticos, comerciais, militantes (por diferentes causas sociais), culturais e outros.

Novamente, as transformações digitais se aceleraram e, em 2001, foi desenvolvido o primeiro celular com câmera, mesmo momento em que a banda larga converteu-se em padrão de acesso à internet móvel. Em seguida, em 2004, entraram em operação as redes sociais Orkut, filiada ao Google e descontinuada em 2014, e Facebook, bem como o *site* de hospedagem de imagens e vídeos Flickr, que revolucionaram o modo como os sujeitos, especialmente os jovens, interagem. Por meio dessas redes, eles: organizaram-se em comunidades; conectaram-se a familiares e parceiros de trabalho fora do ambiente físico, bem como a indivíduos do mundo todo e de culturas distintas; compartilharam emoções e ideias e reagiram às de outros usuários instantaneamente, rompendo completamente os limites do público e do privado devido à alta exposição etc.

Em 2006, foi fundado o Twitter, outra rede social, porém com um servidor para *microblogging*, que possibilita a troca de mensagens pequenas, mais especificamente constituídas por até 140 caracteres, limite ampliado para 280 no ano de 2017, mediante o acesso ao próprio *website* do Twitter, por SMS (*Short Message Service*) ou por *softwares* específicos de gerenciamento. Em 2007, o Iphone consolidou os *smartphones*, e a Netflix, o *streaming* de vídeo. No ano de 2009, foi lançado o Whatsapp, um aplicativo multiplataforma de mensagens instantâneas e chamadas de voz para *smartphones*, adquirido pelo Facebook em 2014.

Em 2010, Kevin Systrom e Mike Krieger criaram o Instagram, aplicativo que aplica filtros às fotos e as compartilha em sua própria rede e também em outras, que rapidamente adquiriu fama, com mais de 100 milhões de usuários ativos já em 2012, dois anos após sua criação, e, conforme dados de 2017, conta no momento com mais de 800 milhões de perfis ativos (Salles, 2020).

Dentre as redes, é o Facebook – inicialmente restrito aos estudantes de Harvard e atualmente proprietário do WhatsApp, Instagram e Snapchat, ou seja, ele ramificou sua atuação para outras redes/aplicativos – a grande invenção digital da primeira década do século XXI, como veremos na próxima seção desta obra.

∴ Facebook

Concebido como um *website* ou plataforma de rede social (Bergmann; Silveira, 2012), o Facebook permite que seus usuários criem um perfil *on-line* e o conectem a grupos com outros usuários e a páginas relacionadas a causas, marcas, empresas, formas de entretenimento ou figuras públicas. De fato, mais do que uma simples rede, ele definiu e criou formas de interação, relação, mobilização social (como o ciberativismo visto, por exemplo, na Primavera Árabe) e, ainda, de produção de conteúdo e de compartilhamento de ideias e conhecimentos. Além disso, se converteu, na atualidade, em uma empresa com foco nas informações de seus usuários, no mercado e na publicidade (Bergmann; Silveira, 2012).

O Facebook foi idealizado por Mark Zuckerberg, então um estudante do segundo ano de computação da Universidade de Harvard, juntamente com outros colegas da mesma instituição: Eduardo Saverin, Dustin Moskovitz e Chris Hughes. Mas, antes dessa rede propriamente dita, foi criado, em 23 de outubro de 2003, o *Facemash*, um *site* cujo objetivo era classificar quem, nas universidades, era ou não considerado "quente", no sentido metafórico da palavra, mediante a comparação entre duas fotos.

Para construir seu programa, Zuckerberg acessou a rede de segurança da Universidade de Harvard, capturando as imagens de identificação dos estudantes por meio de um diretório dos alojamentos com fotos e dados. Embora cada alojamento emitisse seus próprios *facebooks*, isto é, os cadernos com fotos e informações dos estudantes, desde meados da década de 1980, o *site* alcançou um enorme sucesso e atraiu 450 visitantes e 22 mil visualizações nas primeiras quatro horas *on-line*. Logo em seguida, alguns alunos providenciaram a substituição de suas fotos de perfil por trechos de textos que exibiam algum protesto ou manifestavam posicionamentos políticos, fato que aumentou consideravelmente a popularidade do *Facemash*.

Em 28 de outubro do mesmo ano, poucos dias após ser lançado, o *Facemash* foi fechado pela administração da Universidade de Harvard, e Zuckerberg, acusado de quebra de segurança, violações de *copyright* e de privacidade, por ter invadido o sistema da instituição. Apesar disso, as acusações contra ele depois foram retiradas.

No dia 4 de fevereiro de 2004, Zuckerberg relançou seu produto com um novo *site*: *The Facebook*. Todavia, foi acusado pelos estudantes seniores Divya Narendra, Cameron Winklevoss e Tyler Winklevoss de ter se apropriado das ideias referentes à rede estruturada por eles, a *HarvardConnection*, posteriormente chamada *ConnectU*. Tal acusação rendeu a Zuckerberg mais um processo, concluído posteriormente por meio de um acordo extrajudicial de 1,2 milhão de ações do Facebook, que valiam, na época, US$ 300 milhões no IPO (Initial Public Offering – oferta pública inicial das ações).

A partir desse ponto, a rede social converteu-se em um grande negócio. Enquanto Saverin permaneceu residindo na costa leste dos Estados Unidos, os demais mudaram-se para a Califórnia e, juntos, os quatro deram continuidade à ideia. Em seguida, houve diversas disputas internas e querelas judiciais que limitaram a participação de Eduardo Saverin, considerado um homem estratégico para o projeto devido à sua condição financeira privilegiada, a 5% da empresa e ao *status* de cofundador do *site*. Além dele, é possível conferir no *site Who Owns Facebook* a lista dos demais investidores com participação na referida empresa.

Em 2005, o domínio *facebook.com* foi comprado por US$ 200 mil e o "The" que até então o compunha foi descartado. Em dezembro do mesmo ano, mais de 2 mil colégios e 25 mil universidades aderiram ao Facebook, que se expandiu por todo o Canadá, Estados Unidos, Reino Unido, México, Austrália, Nova Zelândia e Irlanda. Finalmente, em 11 de setembro de 2006, o Facebook foi aberto a todos os usuários (Facebook..., 2012).

Seis anos mais tarde, em 2012, o Facebook se tornou a maior rede social do Brasil e nos demais países da América Latina (Facebook..., 2012). De lá para cá, a rede tem crescido e se reinventado, agregando novos recursos e aplicativos. Dados do quarto trimestre de 2016, por exemplo, mostraram sua consolidação como a maior rede social do mundo.

Atualmente, o maior crescimento da receita está no uso do aplicativo no celular. São 1,23 bilhão de usuários ativos diários no Facebook, e destes, 1,15 bilhão está no celular (Flynn, 2017). Finalmente, no dia 27 de junho de 2017, o Facebook atingiu o marco de 2 bilhões de usuários, conforme anúncio de Mark Zuckerberg, em seu perfil pessoal (Facebook..., 2017).

∴ **Desigualdade de acesso às NTICs**

A rapidez das mudanças na área da comunicação, ocorridas a partir da criação de redes de internet, é assustadora e essas transformações revolucionaram todos os setores da vida em sociedade: das atividades coletivas profissionais às relações subjetivas e interpessoais. Qualquer um, de qualquer lugar do planeta, pode agora convocar uma manifestação política ou cultural, comprar um produto importado, fazer uma campanha política – e ganhar a eleição por meio dela – etc. apenas digitando algumas teclas do celular/computador[1].

Santaella (citada por Colodel, 2018, p. 65) reitera o aqui exposto ao afirmar que

> a internet é um cérebro digital global que, graças às plataformas de redes sociais – Facebook, Linkedin, Twitter, Orkut etc., estas que se constituem no mais recente estouro do universo digital – transmite publicamente as relações, interesses, intenções, gostos, desejos e afetos dos usuários registrados nessas plataformas, em processos de acesso e compartilhamento incessantes e velozes.

─────

1   Nesse momento, cabem dois esclarecimentos: primeiro, embora as invenções mencionadas neste capítulo tenham se popularizado em todo o mundo, não são todos os locais que a elas têm acesso, ou seja, diversos sujeitos ainda se encontram alheios a esses recursos; segundo, várias pesquisam acadêmicas apontam casos de grandes mobilizações iniciadas e concretizadas por meio de convocações na internet, como ocorreu no Brasil em 2013 com as passeatas contrárias ao aumento das passagens de ônibus.

No que diz respeito à história da comunicação, comprova-se, nesse ponto e mais uma vez, que cada nova invenção possibilita à sociedade maior acesso à informação e a ampliação de suas formas de expressão. Entretanto, isso em si não é garantia de maior democratização social, até porque, como foi descrito em todo este livro, toda invenção tecnológica atende a demandas de ordem econômica, social e cultural da sociedade, sendo por estas últimas também determinada e caracterizada.

Quanto a essa possível democratização, um levantamento realizado por Mattelart (1999) apontou o que ele denomina um *tecno-apartheid*, ou seja, uma divisão acentuada entre os países que possuem e os que não possuem acesso às chamadas *novas tecnologias da informação e da comunicação* (as NTICs). Para sustentar esse argumento, o autor cita um relatório do Programa das Nações Unidas para o Desenvolvimento (PNUD) que confirmou, em 1999, a marginalização informacional crescente de uma maioria de nações. No interior de cada país, e isso nos quatro pontos cardeais, havia a existência de uma linha divisória entre os inforricos e os infopobres, uma fratura digital (ou *digital divide*). O relatório indicou também que o internauta típico é homem, com menos de 35 anos de idade, com nível de ensino superior, pertencente à classe alta, habitante urbano e falante de inglês. Além disso, no momento em que se anunciaram as infovias[2], muitos países ainda não tinham sequer rodovias – as vias de comunicação criadas na Idade Média –

---

2   De acordo com o Dicionário Informal (2020), *infovia* é "uma via de comunicação entre computadores. É utilizada para trocas de informações".

e mais de 600 mil cidades não possuíam eletricidade. A análise desses dados levou Mattelart (2002, p. 161) a afirmar que

a era digital redesenha a fisionomia dos territórios. [...] Há centros-fortalezas, verdadeiros enclaves à imagem das cidades privadas americanas (*new company towns*) e das empresas em que os assalariados vivem fechados em espaços planejados, murados no meio do arsenal dos sistemas de vigilância eletrônica e conectados em rede, ao contrário do imenso *no mans's land* infopobre-excluído. (Mattelart, 2002, p. 161)

Para o autor, "a sociedade das redes está longe de ter colocado um fim ao etnocentrismo dos tempos imperiais" (Mattelart, 1999, p. 173). Wolton (2006, p. 19) acrescenta que "o fim das distâncias físicas revela a incrível extensão das distâncias culturais. [...] Se o mundo está mais visível, não está mais compreensível, está até mesmo mais perigoso, em consequência da emergência do par cultura-comunicação nas problemáticas políticas da globalização".

Não se trata, aqui, de se fazer um "julgamento" dos novos meios, como aliás se fez em cada nova descoberta, mas sim de tentar entender o sentido social que essas tecnologias passaram a ter na sociedade. Se Mattelart (1999) destaca o poder das tecnologias digitais de intensificar a desigualdade social entre países, o que é fato, há que se considerar também o seu poder indiscutível de encurtar distâncias, desvendar estereótipos e estreitar os laços de comunicação.

Para que isso ocorra, como em todos os momentos históricos precedentes, é preciso que o homem tenha discernimento na maneira como utiliza tais tecnologias. Nesse ponto, Wolton (2006) atenta para a necessidade da intenção/ação humana para remover as barreiras culturais que tecnologia nenhuma por si só é capaz de derrubar.

As reflexões desses autores, quando articuladas e relacionadas, mostram que não existe um determinismo tecnológico capaz de transformar a sociedade, mas sim um conjunto de fatores – humanos, sociais e, sobretudo, culturais – que interagem na história. Estudar esse processo no decorrer do tempo é uma maneira de compreender de que forma é possível atuar para que a tecnologia, ao contrário de intensificar a divisão social, contribua para extingui-la e para melhorar a condição humana.

∴ **A era do *big data***

Na seção anterior, vimos que as questões políticas e culturais chamam a atenção para os riscos de uma concentração ainda maior de poder e de riqueza, provocando uma divisão social mais acentuada entre países pobres e ricos, entre os que detêm e produzem tecnologias e os que mal têm acesso a elas. Por outro lado, é inegável que a revolução digital também trouxe consigo uma série de possiblidades, potenciais de aproximação, interação, busca do conhecimento e ampliação de vozes dentro da sociedade como nunca visto antes.

O fato é que as tecnologias estão aí e não param de apresentar inovações. Uma delas é a *web* 2.0[3], caracterizada pelo compartilhamento de dados, que inicia a era do *big data* e da computação cognitiva e traz como grandes e atuais desafios o uso e a segurança desses dados. Cappra (2018, p. 16) explica que

todos os recursos tecnológicos que surgiram ao nosso redor trouxeram junto softwares nos quais circulam muitas informações: aplicativos que contam o número de passos, que monitoram a frequência cardíaca, o status de nossos relacionamentos, as fotos do último show a que assistimos [...]. No centro de tudo isso estão os dados.

Segundo o autor, a sociedade foi incorporando esses novos recursos tecnológicos e começou a armazenar em vários bancos de dados as informações geradas, de modo que é muito difícil precisar a quantidade exata do que está registrado neste exato instante. Estima-se, conforme Cappra (2018, p. 18), "que, em 2020, a sociedade irá gerar 47 zettabytes (1 zettabyte é o mesmo que 1 milhão de petabytes; 1 petabyte significa 1 milhão de gigabytes), sendo que em 2015 geramos 12 zettabytes, ou seja, vamos quadruplicar em cinco anos".

---

3   A principal diferença entre a *web* 1.0 e a *web* 2.0 diz respeito à dinâmica de interatividade: enquanto um *site* no primeiro formato é estático, sem nenhuma forma de diálogo e trocas colaborativas entre leitores/autores, um portal no segundo formato é dinâmico e possibilita a interação/contribuição entre o usuário, outros internautas que acessam o *site* e os responsáveis pelo *site* em si.

A esse crescimento contínuo de diferentes tipos de dados, associado ao seu volume e à velocidade da informação, deu-se o nome *big data*. Tal fenômeno vem causando uma gigantesca mudança em todos os setores da sociedade, sejam sociais, sejam econômicos, sejam profissionais. Diferentes tipos de dados de indivíduos e de empresas estão em bancos assim e podem ser acessados para diferentes fins. Por exemplo, uma empresa de assistência médica pode consultá-los para saber se um possível comprador de seu plano de saúde tem ou não determinadas doenças. Da mesma forma, uma empresa também pode consultar dados pessoais, bancários e até mesmo de saúde de um candidato a uma vaga em um de seus postos de trabalho. Cappra (2018, p. 18) relata que

> o potencial do Big Data está sendo explorado por empresários que criam startups milionárias a partir dos dados que armazenam, pessoas que usam essas informações para influenciar milhões de indivíduos ou, ainda, governos que, a partir de seus registros, podem tomar decisões que afetam toda a sociedade.

O autor conclui sua análise afirmando que "ter muitos dados para tomada de decisão nem sempre é o melhor caminho. É preciso transformar a imensa massa de dados ao nosso alcance em poucas análises relevantes" (Cappra, 2018, p. 19). Segundo ele, especialmente no Brasil, essa capacidade de análise foi pouco desenvolvida, principalmente devido ao modelo educacional aqui implantado, que faz com que o aluno "decore" fórmulas ao invés de compreendê-las.

Ou seja, novamente aparece a necessidade da ação humana para potencializar o uso adequado dos dados/meios.

Importante!

Se, por um lado, o desenvolvimento técnico possibilitou o armazenamento e a distribuição de uma enorme quantidade de dados; por outro, tornou preciso criar e aprofundar formas de análise desses dados, necessárias para lhes atribuir valor e significado.

A questão dos dados se mostra um desafio, primeiramente para as escolas, que devem rever sua forma de ensino, visando formar indivíduos capazes de fazer análises críticas, comparando e relacionando dados/informações. Mas esse tema também é pertinente a outras instituições, como empresas e órgãos públicos, que passam a demandar profissionais aptos a "darem sentido" ao grande volume de dados armazenados em prol da atividade desenvolvida.

6.2
A internet no Brasil

A história da computação no Brasil acompanhou o desenvolvimento do país na segunda metade do século XX, caracterizado sobretudo pela explosão dos meios de comunicação de massa, em especial a televisão. Cabe ressaltar que o Brasil sempre foi um dos primeiros da América Latina a ter acesso a esses meios, ainda que restritos às camadas economicamente mais favorecidas da população.

Segundo Gontijo (2004, p. 442), o primeiro serviço de comunicação de dados brasileiro foi o Transdata, implantado pela Embratel (Empresa Brasileira de Telecomunicações) em 1980 para fazer a interligação entre Rio de Janeiro, São Paulo e Brasília. Um ano depois foi criado o Projeto Ciranda, que conectava os computadores de dois funcionários da empresa, convertendo-se, assim, no primeiro sistema de redes brasileiro. Esses serviços foram paulatinamente ampliados e, em 1988, nasceram as primeiras iniciativas informais de rede, ligando universidades e centros de pesquisa do Rio de Janeiro, São Paulo e Porto Alegre a seus pares no exterior. O projeto contou com o suporte do Ministério da Ciência e Tecnologia, que implantou o primeiro *backbone*[4] nacional para atender à Rede Nacional de Pesquisa (RNP).

De acordo com Arruda (2011), foi a Bitnet, uma rede fundada em 1981 e que ligava a Universidade da Cidade de Nova Iorque (CUNY) à Universidade Yale, em Connecticut, que deu impulso à internet no Brasil ao conectar a Fundação de Amparo à Pesquisa do Estado de São Paulo (Fapesp) ao Fermilab, um laboratório de física localizado em Illinois (EUA). Em seguida, em 1990, foi fundada a Rede Nacional de Pesquisa (RNP), pelo Ministério da Ciência e Tecnologia, com o objetivo de instaurar uma infraestrutura com abrangência nacional para os serviços de internet.

4   Significa "'espinha dorsal', e é o termo utilizado para identificar a rede principal pela qual os dados de todos os clientes da Internet passam. Esta rede também é a responsável por enviar e receber dados entre as cidades brasileiras ou para países de fora. [...] utiliza o sistema 'dividir para conquistar', pois divide a grande espinha dorsal em várias redes menores" (Martins, 2009).

Preste atenção!

Destacamos que, pelo menos nesse caso, o desenvolvimento de uma tecnologia de comunicação no Brasil se deu no meio acadêmico, com finalidade científica, e não econômica, como transcorreu com todas as outras.

Ainda conforme Arruda (2011), essa conexão entre a Fapesp e o Fermilab "acabou se tornando a única rota de saída de dados do Brasil para o mundo e a principal conexão tupiniquim com a internet, no início de 1991. A fundação também ficou encarregada da administração do domínio '.br' e da distribuição dos números IPs para o Brasil". Finalmente, em 1994, a internet foi oferecida ao público em geral, ampliando seu papel puramente acadêmico; e a Embratel lançou, em caráter experimental e para somente 5 mil usuários, o chamado *Serviço Internet Comercial*, que contava com conexão de 256 Kbps (*kilobytes* por segundo).

Em 1995, a internet foi aberta a provedores privados, o que exigiu uma infraestrutura mais segura e veloz, obtida mais adiante com a RNP2, versão brasileira da rede americana de alto desempenho (Gontijo, 2004, p. 442). Dados do Instituto Brasileiro de Opinião Pública – Ibope (Com Ciência, 2001) de 2000 apontaram o aumento do acesso à rede, reportando que 9,8 milhões de brasileiros, cerca de 6% da população, estavam conectados à internet, dos quais 4,5 milhões acessavam-na ao menos uma vez por mês.

Nos 20 anos que se seguiram, muita coisa mudou no que concerne ao uso da internet no Brasil: vários segmentos sociais e econômicos começaram a utilizá-la, e o comércio eletrônico não apenas se consolidou como não para de crescer. Diferentemente do que ocorreu com a televisão, cujo desenvolvimento foi alavancado inicialmente pelo pioneirismo de Chateaubriand e, em um segundo momento, pelo profissionalismo da Rede Globo de Televisão, a internet "explodiu" em um Brasil já inserido na lógica da globalização. Nesse novo contexto, empresas privadas ou mesmo públicas viram-se obrigadas a investir em tecnologias como estratégia de sobrevivência e progresso no mercado, ação complementada pelas políticas públicas do setor. Mesma situação afetou as outras instituições, das políticas e educativas às sociais e culturais.

Em um levantamento mais recente realizado pelo Instituto Brasileiro de Geografia e Estatística (IBGE), verificou-se que, em 2015, o número de acessos à internet no Brasil aumentou para quase 58% da população (Santos, 2016). No mesmo ano, os celulares também foram reconhecidos como o principal meio de conexão, usado por cerca de 89% dos internautas (Capelas, 2016), apesar da cobertura da rede móvel ainda ser baixa e com acesso precário (Machado, 2017). Quanto ao uso de redes sociais, conforme Colodel (2018, p. 68), em 2017, 91% dos brasileiros possuíam WhatsApp; 86%, o Facebook; 60%, Instagram; 59%, o Messenger e, por fim, 28% tinham conta no Twitter.

6.3
O futuro dos meios

Giovannini (1987) conclui o seu livro sobre história da comunicação com um capítulo intitulado "Já estamos no futuro". Se, em 1987, ano de sua obra, era possível fazer essa afirmação, podemos agora dizer que estamos no "pós-futuro", sobretudo se considerarmos que as chamadas *novas tecnologias* se desenvolveram em um ritmo nunca antes visto. Em trinta anos, a comunicação passou por uma revolução devido a tais tecnologias.

Em uma análise mais recente sobre "aonde vamos", Radfahrer (2018, p. 76) afirma que "há futuros para todos os gostos". Diz ele que, "nos próximos anos, a mudança tecnológica estará à flor da pele, espalhada por boa parte dos objetos cotidianos, acessível a custos baixíssimos [...]. São tantas as inovações, vindas de tantas áreas, que só a tarefa de imaginar o efeito da sobreposição das mudanças já é trabalho considerável" (Radfahrer, 2018, p. 76). O próprio autor alerta que o lado positivo desse prognóstico é que a vida tenderá a ser mais confortável e saudável do que é hoje. Já o aspecto negativo é que não há garantias de que as dinâmicas sociais melhorem com a tecnologia.

Síntese

Ideia central: As chamadas *novas tecnologias da informação e da comunicação* (NTICs) começaram a ser "gestadas" a partir do momento em que o homem estruturou uma linguagem matemática apropriada, no entanto, foram os estudos realizados durante a Segunda Guerra Mundial que impulsionaram a criação do computador. Com ele e seu aperfeiçoamento surgiram as tecnologias digitais de comunicação, que revolucionaram a história da comunicação, sobretudo a partir do século XXI.

Período: Apesar de a origem do computador remontar aos estudos do século XVII e XVIII, foi só em meados do século XX que foram construídos os primeiros computadores. Já a internet foi criada a partir dos anos 1980.

Contexto social: Com o fim da Segunda Guerra Mundial, teve início a Guerra Fria, disseminada, sobretudo, por meio da televisão de massa. O computador e a internet intensificaram a globalização da economia e a interdependência entre os países. Politicamente, houve o surgimento dos grandes blocos, como a União Europeia, a ASEAN (Associação de Nações do Sudeste Asiático), o Nafta (Acordo de Livre Comércio da América do Norte) e o Mercosul (Mercado Comum do Sul).

Principais meios de comunicação: A televisão deteve a supremacia dos meios de comunicação até o final do século XX. A partir daí, a internet ganhou espaço e um número cada vez maior de pessoas de todo o mundo passou a ter acesso às redes sociais de comunicação, principalmente por intermédio de aparelhos celulares.

Materiais utilizados: Computadores, *smartphones*, *laptops*.

Uso social dos meios de comunicação: As "novas" tecnologias estão presentes em todos os setores da vida em sociedade, da consulta médica à escola; dos trâmites bancários à vida pública. Tudo está conectado em grandes redes de comunicação, que alteram a maneira como as pessoas se relacionam e vivem o seu cotidiano.

Novas tecnologias: As tecnologias de comunicação estão cada vez mais portáteis e ao alcance da maioria da população. Por meio de um aparelho celular, o indivíduo tem acesso a várias formas de interagir a distância, pode utilizar aplicativos que facilitam sua vida, fazer negócios e ter maior participação na vida política do seu país.

Para saber mais

As NTICs têm recebido cada vez mais atenção de pesquisadores e estudiosos, inclusive dos da área da comunicação social. Como há um desenvolvimento constante, as referências sobre o tema precisam ser atualizadas permanentemente. Algumas obras, entretanto, ajudam o leitor a situar esse universo tecnológico na história da comunicação e na história da sociedade em geral.

Um livro pouco divulgado no Brasil, *História da sociedade da informação*, de Armand Mattelart, faz, como propõe o nome, um excelente histórico do surgimento da sociedade da informação muito antes de se falar em computador e internet. Ele começa tratando sobre a importância da linguagem matemática, da estatística, do sistema binário, até chegar ao desenvolvimento dos computadores e da internet.

MATTELART, A. **História da sociedade da informação**. Tradução de Nicolas Nyimi Campanario. São Paulo: Loyola, 2002.

Também recomendamos a leitura do livro de Pierre Lévy, *Cibercultura*, no qual o autor contextualiza a introdução do ciberespaço na sociedade, a começar por suas implicações culturais. É uma obra de referência, fundamental para quem quer se aprofundar no tema.

LÉVY, P. **Cibercultura**. Tradução de Carlos Irineu da Costa. 2. ed. São Paulo: Ed. 34, 1999.

Outro livro que fornece um panorama sobre o conjunto das tecnologias digitais de comunicação é o de Manuel Castells, *A sociedade em rede*. Para todos aqueles que querem entender, estudar e atuar na área, trata-se de um ponto de partida essencial.

CASTELLS, M. **A sociedade em rede**: a era da informação – economia, sociedade e cultura. 10. ed. Tradução de Leandro Konder. São Paulo: Paz e terra, 2009. v. 1.

Uma quarta indicação é a sempre lúcida análise sociológica sobre a internet feita pelo francês Dominique Wolton em *Internet, e depois?*. O sociólogo da comunicação reflete, nessa obra, sobre o impacto da internet na sociedade e sua relação com os demais meios de comunicação.

WOLTON, D. **Internet, e depois?** Uma teoria crítica das novas mídias. Tradução de Isabel Crossetti. 3. ed. Porto Alegre: Sulina, 2012.

Finalmente, uma indicação recente, crítica e pertinente ao tema é o *Caderno 13*, intitulado *Entre dados*, produzido pela Globo e disponível em versão digital.

CADERNOS GLOBO. Entre dados. São Paulo: Globo Comunicação, n. 13, set. de 2018. Disponível em: <http://estatico.redeglobo.globo.com/2018/09/20/caderno_globo_entre_dados.pdf>. Acesso em: 28 abr. 2020.

Desde muito tempo, filmes sobre o tema deste capítulo são produzidos. Como indicação, apresentamos os seguintes:

2001: UMA ODISSEIA no espaço. Direção: Stanley Kubrick. Reino Unido/EUA, 1968. 160 min.

Adaptação cinematográfica de um conto de ficção científica de Arthur C. Clarke, narra uma missão espacial rumo ao planeta Júpiter, bem como o intenso conflito espaço-temporal entre os astronautas e o computador HAL 9000.

PIRATAS do Vale do Silício. Direção: Martyn Burke. EUA, 1999. 95 min.

O filme mostra a história e a evolução da informática desde seu nascimento e também o embate histórico entre figuras como os fundadores da Apple e da Microsoft pela inovação e pela liderança do mercado de informática mundial.

MATRIX. Direção: Lana Wachowski, Lilly Wachowski. EUA: Warner Bros Pictures, 1999. 136 min.

Na trama, acompanhamos Neo, um jovem programador que, atormentado por pesadelos, descobre a existência de uma inteligência artificial, a Matrix, a qual controla os corpos e cérebros de toda a população da Terra, inserindo-a em uma realidade simulada, para produzir energia.

A REDE social. Direção: David Fincher. EUA: Sony Pictures, 2010. 120 min.

Essa produção mostra desde a idealização até a criação e ascensão do Facebook, tornando-se uma rede global e, por consequência, elevando Zuckerberg ao posto de o mais jovem bilionário da história.

Questões para revisão

1. Marque V (verdadeiro) ou F (falso) para as seguintes afirmativas:
   ( ) Embora a comunicação mediada por computadores (CMC) cresça de forma exponencial, ainda não é um fenômeno de massa no Brasil nem em boa parte do mundo.
   ( ) A internet surgiu a partir de duas iniciativas estatais: a Arpanet, nos Estados Unidos, e o Minitel, na França.
   ( ) O Facebook foi criado por Mark Zuckerberg e seus amigos de universidade a princípio como um serviço interno. Somente a partir de 2006 passou a ser liberado para qualquer pessoa com mais de 13 anos de idade.
   ( ) O primeiro serviço de comunicação de dados brasileiro foi o Transdata, implantado pela Embratel, em 1980, para fazer a interligação entre Rio, São Paulo e Brasília.

2. Sobre a história dos computadores, é correto afirmar:
   a) Os meios de cálculo, base para a criação dos computadores, foram criados apenas após a Revolução Industrial.
   b) O uso de válvulas e de transistores antecede o uso de transistores por *chip* após o desenvolvimento da microeletrônica.
   c) O primeiro uso da internet no Brasil foi realizado pelo meio acadêmico e objetivava a troca de experiências com laboratórios estrangeiros de pesquisa.
   d) Os *personal computers* (PCs) foram criados durante a Segunda Guerra Mundial.

3. Sobre a comunicação digital no século XXI, é incorreto afirmar:
   a) No início do século XXI, aproximadamente 10 milhões de brasileiros já estavam conectados à internet.
   b) Em 2013, foi feita a primeira menção ao termo *web 2.0*.
   c) O avanço da internet democratizou o acesso das camadas menos favorecidas da população à informação e ao conhecimento.
   d) O ciberespaço surgiu como uma materialização técnica dos ideais modernos.

4. Quais são os principais impactos sociais das tecnologias digitais de comunicação?

5. Identifique as principais mudanças que as tecnologias da informação e da comunicação suscitaram nos demais meios de comunicação.

Questões para reflexão

1. Muito se fala sobre os impactos causados em diversos estratos da sociedade pelas chamadas *novas tecnologias da informação e da comunicação* – NTICs (entendidas como *tecnologias digitais*). Escolha um exemplo de um fato social (uma eleição, uma mobilização, um evento comemorativo, uma denúncia etc.) "modificado" pelo impacto dessas tecnologias, ou seja, que sofreu algum tipo de interferência delas, e desenvolva uma análise crítica a respeito disso, pensando nos seguintes questionamentos:

a) Quais características desse meio digital foram imprescindíveis para a intervenção no fato social escolhido?

b) É possível afirmar, com base nesse fato escolhido, que as novas tecnologias ampliam as possibilidades de atuação democrática dos indivíduos? Por quê?

2. As novas possibilidades de comunicação e de expressão inseridas na sociedade pelas mídias digitais têm revolucionado diversas atividades da vida social. Muitas profissões e serviços correm o risco de desaparecer, como é o caso das agências de turismo, por exemplo, uma vez que, da própria casa, qualquer indivíduo consegue planejar e comprar tudo de que precisa para uma viagem de férias.

E na área da comunicação social? Quais são os impactos dessas tecnologias na vida profissional do comunicador jornalista ou publicitário? Qual é seu novo papel social? O que passa agora a ser específico da sua função, uma vez que praticamente tudo, inclusive informações, o indivíduo pode buscar sozinho no computador? E quanto ao publicitário?

3. Cada novo meio de comunicação inseriu na sociedade novas linguagens. As tecnologias digitais, por exemplo, nos colocam, em comparação com contextos interacionais anteriores, diante de uma intensa intertextualidade e de múltiplas produções articuladas em torno da linguagem oral, visual, escrita e sonora. Com isso em mente, planeje um produto midiático sobre um tema ou uma área de atuação do seu interesse e explore, nessa produção, os recursos ofertados pelas novas tecnologias digitais.

Considerações finais

> *"A mera formulação de um problema é muito mais frequentemente essencial que sua solução".*
> Albert Einstein (1938, citado por Cohen, 2017, p. 16)

A melhor maneira de terminar uma aula, um curso ou um livro é refletir sobre as novas questões que o seu conteúdo pode despertar, pois a atividade científica é infinita: quanto mais se sabe, mais se quer saber. Em *História social dos meios de comunicação*, mostramos que, em relação à comunicação, o homem também é insaciável: quanto mais se comunica, mais quer se comunicar.

No percurso cronológico aqui apresentado, foi possível percebermos a articulação sempre presente e determinante entre a evolução do homem como ser pensante, como ser produtor de riquezas e como ser social. À medida que foi produzindo progresso, ele foi empregando seus inventos para aumentar suas riquezas e se comunicar melhor com seus pares, fazendo dessa comunicação um motor propulsor de mais desenvolvimento e riqueza, em um círculo infindável de voltas.

Algumas de suas descobertas revolucionaram sua história e se transformaram em marcos, como a invenção da escrita, que possibilitou o registro da própria história, de seus pensamentos e a sistematização de seu conhecimento. Tudo isso não só possibilitou (e ainda possibilita) a produção de mais e mais conhecimento. Da escrita à prensa e à imprensa, o mundo ganhou velocidade, objetividade, necessidade de informação e de liberdade de expressão. O tempo e a distância encurtaram, o trabalho foi mecanizado e dividido, romperam-se os limites impostos pela Igreja. Assim, a ciência e a tecnologia extrapolaram fronteiras e permitiram a "conquista de novos mundos".

Novos mundos, novas linguagens, novas técnicas de registro do som e da imagem, seja ela fixa, seja em movimento. Chegamos à era do audiovisual, outro marco na história do homem e da comunicação. Os meios de comunicação audiovisuais tornaram-se acessíveis às massas e introduziram na sociedade a variedade de assuntos e o entretenimento. Nesse contexto, nasceu a cultura de massa, característica determinante do século XX. Trata-se de um século de duas grandes guerras e que trouxe a necessidade de se criar uma comunicação diferenciada, feito máquinas de pensar, de organizar e de arquivar dados. Foi assim que nasceu a computação, a qual aos poucos foi se aprimorando e se espalhando em redes que, novamente, originaram novo marco na história do homem e da comunicação.

É possível que ainda estejamos um pouco em choque com as profundas mudanças suscitadas no nosso dia a dia por todas essas tecnologias digitais, pois não tivemos o distanciamento necessário para compreendê-las e ressignificá-las no nosso cotidiano. E talvez nunca tenhamos esse tempo, dada a rapidez com que novas tecnologias se inserem na sociedade deste século XXI.

Estamos diante de uma sociedade que se questiona sobre o futuro: O que será das profissões, diante de novos modos de produção? O que será das escolas, cada vez mais mediadas por tecnologias a distância? Da política, que vem sendo feita nas redes sociais? E das relações pessoais, caracterizadas pelo contato cada vez mais virtual?

Se, por um lado, as mudanças tecnológicas evocam uma série de perguntas que parecem difíceis de serem respondidas, por outro, nos dão pistas/premissas que se consolidaram no decorrer da história da comunicação. A primeira delas é que cada novo meio amplia as possibilidades de expressão, tornando-se mais democrático que o anterior. A escrita, por exemplo, permitiu a sistematização e a divulgação de ideias que antes estavam restritas ao contato direto das pessoas. Já a imprensa propiciou a objetivação e a multiplicação em massa de livros e textos em geral. A chegada dos meios audiovisuais, por sua vez, ampliou esse alcance dos meios ao atingir as camadas não alfabetizadas da população e ao mostrar a realidade com a força testemunhal da imagem. Os meios digitais de comunicação deram e dão voz e vez a todo e qualquer indivíduo que tenha um aparelho celular ou computador. O mundo nunca esteve tão "democrático" no tocante ao acesso à informação e à possibilidade de expressão de ideias.

A segunda pista dada pela história é a de que nenhum meio "acaba inteiramente" com o anterior, ainda que o transforme consideravelmente, mas se soma a ele, abrindo novas possibilidades de alcance e novas especificidades[1]. A escrita não eliminou a memória, o rádio e a televisão não acabaram com o livro e o jornal impresso. O que se intensificou foi o intertexto, foi a articulação entre distintas linguagens, e a capacidade de estabelecer conexões chegou a um nível nunca antes imaginado.

A história aponta que toda tecnologia é resultado da evolução do homem na condição de ser pensante, que, ao criá-la, imprime nela sua intenção comunicativa. Da mesma forma, o sentido social de cada invenção ou tecnologia da comunicação é dado por esse mesmo homem. Está aí a esperança de um mundo melhor.

Diante dessas constatações, no final deste livro deixamos algumas questões para reflexão. A primeira delas diz respeito às novas sensibilidades instigadas pelos meios: O acesso às tecnologias da informação e da comunicação torna o homem mais perspicaz, mais ágil em termos de raciocínio e organização das ideias? As novas gerações, formadas por crianças que desde muito cedo interagem com celulares e mídias digitais, aprendem e interpretam o mundo de forma diferenciada? Essa forma diferenciada de "sentir o mundo" altera a expressão humana? Como esse homem sente e expressa seus sentimentos?

---

1   Há de se considerar aqui a intenção de mostrar que a evolução tecnológica é inexorável, sendo impossível detê-la. Obviamente, o livro impresso diminuiu a frequência do método manual de escrita, assim como a fotografia digital limitou os laboratórios fotográficos. Da mesma forma, o jornalismo digital está dia após dia fechando grandes jornais. Precisamos entender, contudo, que a publicação de um livro digital não acaba com o livro físico, assim como fotografar digitalmente não acaba com a fotografia analógica. Tudo se transforma, adequando linguagens e, às vezes, até mudando sentidos, mas sem deixar de ter a sua importância histórica na evolução das formas de comunicação de humanidade, objeto deste livro.

Do ponto de vista social, Mattelart fala sobre o chamado *tecno-apartheid*. Nesse sentido, estamos construindo uma sociedade com abismos tecnológicos intransponíveis, nos quais quem detém a tecnologia vai ficar cada vez mais poderoso e rico em detrimento de quem não a detém? Se sim, isso não é contraditório com a ideia de que cada novo meio é mais democrático do que o anterior? Se sim, como podemos superar tal desigualdade?

Não existe mágica. O tempo não para e não temos como antecipar o futuro. A melhor maneira de pensar e fazer uma comunicação propositiva é aproveitando as lições deixadas por sua história, tão surpreendente quanto instigante.

Referências

A INTERNET no Brasil. 10 mar. 2001. Disponível em: <http://www.comciencia.br/dossies-1-72/reportagens/socinfo/info02.htm>. Acesso em: 28 abr. 2020.

ANACOM – Autoridade Nacional de Comunicações. **Glossário**. Disponível em: <https://www.anacom.pt/render.jsp?categoryId=277980&strWord=R>. Acesso em: 28 abr. 2020.

ANDRE, M. R. **O Facebook parece imparável**. 2 fev. 2017. Disponível em: <https://shifter.pt/2017/02/o-facebook-parece-imparavel/>. Acesso em: 28 abr. 2020.

ARRUDA, F. **20 anos de internet no Brasil**: aonde chegamos? 4 mar. 2011. Disponível em: <https://www.tecmundo.com.br/internet/8949-20-anos-de-internet-no-brasil-aonde-chegamos-.htm>. Acesso em: 28 abr. 2020.

BALLE, F. **Médias et Societés**. Paris: Montchrestien, 1994.

BARBOSA, M. C. **História da comunicação no Brasil**. Petrópolis: Vozes, 2013.

BERGMANN, F. B.; SILVEIRA, M. S. "Eu vi o que você fez...e eu sei quem você é!": uma análise sobre privacidade no Facebook do ponto de vista MATTELART, A. dos usuários. In: SYMPOSIUM ON HUMAN FACTORS IN COMPUTING SYSTEMS, 2012, Cuiabá. Disponível em: <http://repositorio.pucrs.br/dspace/bitstream/10923/13938/2/Eu_vi_o_que_voce_fez_e_eu_sei_quem_voce_e_uma_analise_sobre_privacidade_no_Facebook_do_ponto_de_vista_dos_usuario.pdf>. Acesso em: 28 abr. 2020.

BIAL, P. **Roberto Marinho**. Rio de Janeiro: J. Zahar, 2004. (Coleção Memória Globo).

BONIFÁCIO, S. de F. B. C. **O professor caiu na rede**: análise dos elementos da profissionalidade docente no Facebook. 245 f. Tese (Doutorado em Educação) – Universidade Federal do Paraná, Curitiba, 2018.

BRASIL. Decreto n. 21.111, de 1 de março de 1932. **Diário Oficial da União**, Poder Legislativo, Brasília, DF, 4 mar. 1932. Disponível em: <https://www2.camara.leg.br/legin/fed/decret/1930-1939/decreto-21111-1-marco-1932-498282-publicacaooriginal-81840-pe.html>. Acesso em: 28 abr. 2020.

BRASIL. Decreto n. 41.949, de 31 de julho de 1957. **Diário Oficial da União**, Poder Legislativo, Brasília, DF, 2 ago. 1957. Disponível em: <http://www.planalto.gov.br/ccivil_03/decreto/1950-1969/D41949.htm>. Acesso em: 28 abr. 2020.

BRIGGS, A.; BURKE, P. **Uma história social da mídia**: de Gutenberg à internet. Rio de Janeiro: J. Zahar, 2004.

BUCCI, E. **Brasil em tempo de TV**. São Paulo: Boitempo, 1997.

CAPARELLI, S. **Televisão e capitalismo no Brasil**. Porto Alegre: L&PM, 1982.

CAPELAS, B. Celular vira o principal meio de acesso à internet no Brasil. **Estadão**, São Paulo, 14 set. 2016. Disponível em: <https://link.estadao.com.br/noticias/cultura-digital,celular-vira-o-principal-meio-de-acesso-a-internet-no-brasil,10000075832>. Acesso em: 28 abr. 2020.

CAPPRA, R. Sociedade Big Data. **Cadernos Globo**, São Paulo, n. 13 (Entre dados), p. 16-23, set. de 2018. Disponível em: <https://cappra.files.wordpress.com/2018/11/sociedade_big_data_ricardo_cappra.pdf>. Acesso em: 28 abr. 2020.

CARVALHO, L. M. **Cobras criadas**: David Nasser e o Cruzeiro. 2. ed. São Paulo: Senac, 2001.

CASTELLS, M. **A sociedade em rede**: a era da informação – economia, sociedade e cultura. Tradução de Roneide Venâncio Majer. 6. ed. São Paulo: Paz e Terra, 2002. v. 1.

CLARK, W.; PRIOLLI, G. **O campeão de audiência**: uma autobiografia. São Paulo: Best Seller, 1991.

COSTA, A. H. da; SIMÕES, I. F.; KEHL, M. R. **Um país no ar**: história da TV brasileira em três canais. São Paulo: Brasiliense, 1986.

FACEBOOK atinge os 2 bilhões de usuários. **G1**, São Paulo, 27 jun. 2017. Disponível em: <https://g1.globo.com/tecnologia/noticia/facebook-atinge-os-2-bilhoes-de-usuarios.ghtml>. Acesso em: 28 abr. 2020.

FACEBOOK passa Orkut e vira maior rede social do Brasil, diz pesquisa. **G1**, São Paulo, 17 jan. 2012. Disponível em: <http://g1.globo.com/tecnologia/noticia/2012/01/facebook-passa-orkut-e-vira-maior-rede-social-do-brasil-diz-pesquisa.html>. Acesso em: 28 abr. 2020.

FLYNN, K. **Facebook is within Reach of 2 Billion Users**. 1 fev. 2017. Disponível em: <https://mashable.com/2017/02/01/facebook-earnings-record-user-growth/#gtAQNdglpiqR>. Acesso em: 28 abr. 2020.

GIOVANNINI, G. **Evolução na comunicação**: do sílex ao silício. 3.ed. Rio de Janeiro: Nova Fronteira, 1987.

GONTIJO, S. **O livro de ouro da comunicação**. Rio de Janeiro: Ediouro, 2004.

GONTIJO, S. **O livro de ouro da comunicação**. Rio de Janeiro: Ediouro, 2009.

HERZ, D. **A história secreta da Rede Globo**. Porto Alegre: Tchê!, 1989.

INFOVIA. In: **Dicionário Informal**. Disponível em: <https://www.dicionarioinformal.com.br/infovia/>. Acesso em: 28 abr. 2020.

INTERNET. **Estadão**. Disponível em: <https://acervo.estadao.com.br/noticias/topicos,internet,886,0.htm>. Acesso em: 28 abr. 2020.

JEAN, G. **A escrita**: memória dos homens. Tradução de Lídia da Mota Amaral. Rio de Janeiro: Objetiva, 2002.

KOTSCHO, R. **Do golpe ao planalto**: uma vida de repórter. São Paulo: Companhia das Letras, 2006.

LEBLANC, G. **Treize heures/vingt heures**: le monde en suspens. Marburg: Hitzeroth, 1987.

LE GOFF, J. **Para uma outra Idade Média**: tempo, trabalho e cultura no Ocidente. Petrópolis: Vozes, 2013.

LÉVY, P. **Cibercultura**. Tradução de Carlos Irineu da Costa. 2. ed. São Paulo: Ed. 34, 1999.

LUSTOSA, I. **O nascimento da imprensa brasileira**. Rio de Janeiro: J. Zahar, 2003.

MACHADO, F. Velocidade do 4G no Brasil melhora, mas cobertura é baixa. **Veja**, 01 nov. 2017. Disponível em: <https://veja.abril.com.br/economia/velocidade-do-4g-no-brasil-melhora-mas-cobertura-e-baixa/>. Acesso em: 28 abr. 2020.

MARCONDES FILHO, C. (Org.). **Dicionário da comunicação**. São Paulo: Paulus, 2009.

MARCONDES FILHO, C. **Jornalismo**: a saga dos cães perdidos. São Paulo: Hacker, 2000.

MARTINS, E. **O que é *backbone*?** 10 mar. 2009. Disponível em: <https://www.tecmundo.com.br/conexao/1713-o-que-e-backbone-.htm>. Acesso em: 28 abr. 2020.

MATTELART, A. **Histoire de l'Utopie planétaire**: de la cité prophétique à la sociéte globale. Paris: Editions La Découverte, 1999.

MATTELART, A. **História da sociedade da informação**. São Paulo: Loyola, 2002.

MATTELART, M.; MATTELART, A. **O Carnaval das Imagens**. São Paulo: Brasiliense, 1998.

MATTOS, D. J. L. **O espetáculo da cultura paulista**: teatro e TV em São Paulo – 1940-1950. p. 76. Disponível em: <https://books.google.com.br/books?id=99sP8-taaHcC>. Acesso em: 28 abr. 2020.

MENDONÇA, D. **Casos & coisas**. São Paulo: Globo, 2001.

MORAIS, F. **Chatô, o rei do Brasil**. São Paulo: Companhia das Letras, 1994.

MORAIS, F. **Na toca dos leões**: a história da W/Brasil, uma das agências de propaganda mais premiadas do mundo. São Paulo: Planeta, 2005.

MOREL, E. **Histórias de um repórter**. Rio de Janeiro: Record, 1999.

MORIN, E. **Cultura de massa no século XX**: neurose. Tradução de Maura Ribeiro sardinha. 9. ed. Rio de Janeiro: Forense Universitária, 1997. v. 1.

ORTIZ, R. **A moderna tradição brasileira**: cultura brasileira e indústria cultural. 5. ed. São Paulo: Brasiliense, 1994.

PASCHOAL, E. **A trajetória de Octávio Frias de Oliveira**. São Paulo: Publifolha, 2007.

RADFAHRER, L. Avante, de olho no retrovisor. **Cadernos Globo**, São Paulo, n. 13 (Entre dados), p. 76-79, set. de 2018. Disponível em:<http://app.cadernosglobo.com.br/banca/volume-13/>. Acesso em: 28 abr. 2020.

RAMOS, J. E. M. **Código de Hamurábi**. Disponível em: <https://www.suapesquisa.com/mesopotamia/codigo_hamurabi.htm>. Acesso em: 28 abr. 2020.

RIBEIRO, A. P. G.; HERSCHMANN, M. (Org.). **Comunicação e história**: interfaces e novas abordagens. Rio de Janeiro: Mauad X; Globo Universidade, 2008.

SALLES, F. **Quantos usuários do Instagram existem no Brasil e no mundo em 2020?** Disponível em: <https://www.apptuts.com.br/tutorial/redes-sociais/quantos-usuarios-do-instagram-existem-no-brasil-mundo-2017>. Acesso em: 28 abr. 2020.

SANTOS, B. F. Apesar de expansão, acesso à internet no Brasil ainda é baixo. **Exame**, 22 dez 2016. Disponível em: <https://exame.abril.com.br/brasil/apesar-de-expansao-acesso-a-internet-no-brasil-ainda-e-baixo/>. Acesso em: 28 abr. 2020.

SILVA, A. **A fantástica história de Silvio Santos**. São Paulo: Editora do Brasil, 2000.

SILVA, C. E. L. da. **Muito além do Jardim Botânico**. São Paulo: Summus, 1985.

SODRÉ, N. W. **História da imprensa no Brasil**. Porto Alegre: EdiPUCRS; São Paulo: Intercom, 2011.

SQUIRRA, S. **O século dourado**: a comunicação eletrônica nos EUA. São Paulo: Summus, 1995.

TESCHKE, J. 1938: pânico após transmissão de Guerra dos Mundos. **DW – Deutsche Welle**. Disponível em: <https://www.dw.com/pt-br/1938-p%C3%A2nico-ap%C3%B3s-transmiss%C3%A3o-de-guerra-dos-mundos/a-956037>. Acesso em: 28 abr. 2020.

VOLPI, A. **Na trilha da excelência**: a vida de Vera Giangrande – uma lição de relações públicas e encantamento de clientes. São Paulo: Negócio, 2002.

WAINER, S. **Minha razão de viver**: memórias de um repórter. 16. ed. Rio de Janeiro: Record, 1998.

WHO OWNS FACEBOOK. Disponível em: <http://whoownsfacebook.com/>. Acesso em: 28 abr. 2020.

WOLTON, D. **É preciso salvar a comunicação**. São Paulo: Paulus, 2006.

WOLTON, D. **Pensar a comunicação**. Brasília: Ed. da UnB, 2004.

Bibliografia comentada

A história da comunicação pode, como explicamos antes, ser estudada de diferentes formas, por meio de distintas metodologias. E cada uma dessas formas possui um conjunto de referências bibliográficas adequadas para oferecer ao pesquisador as informações necessárias. Podemos estudar essa história a começar por cada meio de comunicação, por seus inventores, pelas empresas de comunicação ou pelos seus principais produtos.

Para o presente livro, optamos por construir um panorama geral da história da comunicação, enfatizando, sobretudo, a maneira como a sociedade, em cada período, criou e se apropriou dos meios de comunicação e entendendo qual é o sentido social dessa apropriação.

Ao focalizarmos a evolução cronológica dos meios e sua relação com a sociedade, optamos por fazer um panorama mais amplo de cada invenção, destacando as dimensões antropológicas, econômicas e sociais da comunicação, bem como suas características em cada período/contexto.

Para acompanhar esse raciocínio e "viajar" na história da comunicação pelo caminho escolhido, sugerimos como principais referências as obras listadas a seguir, além de todas as outras indicadas no final de cada capítulo do presente livro.

GIOVANNINI, G. **Evolução na comunicação**: do sílex ao silício. 3. ed. Rio de Janeiro: Nova Fronteira, 1987.

O livro de Giovannini, constituído por ensaios de diversos autores, é um clássico da história da comunicação, principalmente no que diz respeito à comunicação antes da escrita e na Idade Média. Por ser um livro produzido em meados da segunda metade do século XX, suas informações principais englobam momentos até a invenção da televisão e o início do uso dos computadores. Ainda assim, é uma referência fundamental para se entender a trama da comunicação, sobretudo na Europa. Para o estudante brasileiro, sua leitura deve ser complementada com obras que indicaremos adiante.

GONTIJO, S. **O livro de ouro da comunicação**. Rio de Janeiro: Ediouro, 2004.

O livro trata, de forma ampla, de toda a história da comunicação, desde antes da escrita até os nossos dias. É imprescindível para o estudante brasileiro, especialmente por trazer em cada capítulo, além da abordagem dos avanços de cada período, uma análise de como a respectiva invenção repercute na sociedade brasileira e qual o uso que dela é feito no contexto nacional. A obra é ilustrada, o que, principalmente ao tratar da primeira parte da história, contribui fundamentalmente para o entendimento do leitor sobre o conteúdo estudado.

BARBOSA, M. C. **História da comunicação no Brasil**. Petrópolis: Vozes, 2013.

É uma das obras mais recentes da autora. Foi concluída em 2013 e aborda com profundidade a história da comunicação no Brasil, sobretudo a partir do século XVIII. Jornalista e professora universitária, Barbosa é uma pesquisadora do tema, tendo escrito e organizado outras obras, como a *História dos manuscritos*, recém-publicada. O seu livro não apenas narra a história do ponto de vista cronológico, mas também analisa as expressões culturais de cada período retratado. Toma a comunicação no seu sentido mais amplo, envolvendo todas as expressões culturais, como música, artes plásticas, desenhos e grafites, e não apenas no sentido dos meios de comunicação de massa propriamente ditos. Texto inteligente e perspicaz, permite uma viagem na trama cultural brasileira a partir do século XIX.

BALLE, F. **Médias et Societés**. Paris: Montchrestien, 1994.

BRIGGS, A.; BURKE, P. **Uma história social da mídia**: de Gutenberg à internet. Tradução de Maria Carmelita Pádua Dias. Rio de Janeiro: J. Zahar, 2004.

LE GOFF, J. **Para uma outra Idade Média**: tempo, trabalho e cultura no Ocidente. Tradução de Thiago de Abreu e Lima Florencio e Noeli Correia de Melo Sobrinho. 2. ed. Petrópolis: Vozes, 2013.

MATTELART, A. **História da sociedade da informação**. Tradução de Nicolas Nyimi Campanario. São Paulo: Loyola, 2002.

Diversas leituras complementares enriquecem a compreensão, como os livros que contam a história partindo da evolução técnica, como o de Balle (1994), ou os que o fazem a partir das principais ideias, como o de Briggs e Burke (2004). Há ainda alguns autores imprescindíveis para o entendimento do papel e do uso dos meios de comunicação em cada momento histórico. Destacamos dois deles: Jacques Le Goff, um especialista em Idade Média, e Armand Mattelart, um autor francês com diversos livros sobre a comunicação no século XX.

MORAIS, F. **Chatô, o rei do Brasil**. São Paulo: Companhia das Letras, 1994.

Sobre a história da comunicação no Brasil, vale a leitura de *Chatô, o rei do Brasil*, da autoria de Fernando Morais. O livro conta a história de Assis Chateaubriand, conhecido por ter trazido a televisão para o Brasil na década de 1950. Entretanto, vai além da biografia de um dos mais excêntricos e controversos jornalistas brasileiros, pois, ao narrar os fatos da sua vida, desnuda toda a sociedade brasileira da primeira metade do século XX e seus meandros políticos. A obra aborda as manipulações possíveis e até inimagináveis da nação, como a mudança de uma lei para favorecer o jornalista. Ao mesmo tempo, mostra a história dos jornais impressos, das revistas, do rádio e da televisão e sua relação perniciosa com o poder político vigente. Em suma, é um livro imprescindível para um profissional da comunicação.

MORAIS, F. **Na toca dos leões**: a história da W/Brasil, uma das agências de propaganda mais premiadas do mundo. São Paulo: Planeta do Brasil, 2005.

Neste livro, Morais conta a história de um dos publicitários de maior sucesso no Brasil: Washington Olivetto. É um livro que fala sobre o espírito criativo e empreendedor de um dos profissionais expoentes da área da comunicação, uma inspiração para quem deseja ter reconhecimento nessa área.

BIAL, P. **Roberto Marinho**. São Paulo: J. Zahar, 2004.

O livro escrito pelo jornalista Pedro Bial, funcionário da Rede Globo de Televisão, descreve a trajetória do criador da emissora que explodiu como campeã de audiência no cenário nacional nos anos de 1970. Na leitura, vemos que, antes desse período, Roberto Marinho atuava no jornal *O Globo*, fundado por seu pai, e em emissoras de rádio. As organizações Globo se destacam no país como principal grupo de comunicação, e a história de seu dirigente demonstra como a relação entre meios de comunicação e poder, no Brasil, ganhou outros contornos a partir da segunda metade do século XX.

Por fim, há ainda outras biografias de jornalistas e empresários da comunicação, como as de Sílvio Santos, Samuel Wainer, Walter Clark e David Nasser. Nesse sentido, o Centro de Memória da Rede Globo também tem obras que contam a história da própria emissora e trazem relatos, estudos, entrevistas com seus principais protagonistas, diretores, escritores e produtores.

Respostas

Capítulo 1

1. a
2. b
3. a
4. Resposta pessoal.
5. Resposta pessoal.

Capítulo 2

1. b
2. V, V, V, V, V
3. c
4. Resposta pessoal.
5. Resposta pessoal.

Capítulo 3

1. a
2. d
3. V, F, V, F
4. Resposta pessoal.
5. Resposta pessoal.

Capítulo 4

1. V, F, F, V, V, F, V, V, V, V
2. b
3. a
4. Resposta pessoal.
5. Resposta pessoal.

Capítulo 5

1. V, F, V, V, F, V, V, V, V, V
2. V, F, V, F, F
3. a
4. Resposta pessoal.
5. Resposta pessoal.

Capítulo 6

1. F, V, V, V
2. c
3. b
4. Resposta pessoal.
5. Resposta pessoal.

Sobre a autora

Rosa Maria Cardoso Dalla Costa é jornalista e advogada, graduada em Comunicação Social pela Universidade Metodista de São Paulo e em Direito pelo Centro Universitário Curitiba (Unicuritiba). É mestre em Educação pela Universidade Federal do Paraná (UFPR) e doutora em Ciências da Informação e da Comunicação pela Université de Vincennes, Paris VIII, França. Seu estágio pós-doutoral, também em Comunicação, foi realizado na Maison des Sciences de L'Homme, em Paris. A autora tem especialização em Propriedade Intelectual pela Universidade Positivo (UP) e é membro da Comissão de Assuntos Culturais da Ordem dos Advogados do Brasil (OAB). Por 19 anos, no período de 1998 a 2017, foi professora efetiva da UFPR, onde atuou no curso de graduação em Comunicação Social, ministrando aulas de História e Teoria da Comunicação. Foi também professora dos programas de pós-graduação em Educação e Comunicação na mesma universidade. Aposentou-se em 2017 como professora titular. De 2009 a 2014, foi diretora cultural da Sociedade de Estudos Interdisciplinares da Comunicação (Intercom). Atuou ainda como membro externo do Conselho de Educadores do Instituto RPC. Atualmente, é professora dos cursos de Direito e de Administração da Faculdade Inspirar, onde ministra as disciplinas Introdução ao Estudo de Direito e Gestão da Informação e do Conhecimento.

Impressão:
Abril/2020